Développez
l'estime de soi
de votre enfant

Données de catalogage avant publication (Canada)

Pickhardt, Carl

Développez l'estime de soi de votre enfant

(Parents aujourd'hui)

Traduction de: Keys to developing your child's self-esteem.

1. Estime de soi chez l'enfant. 2. Enfants - Psychologie. 3. Éducation des enfants. 4. Parents et enfants. I. Titre. II. Collection.

HQ772P4914 2001   649'.7   C2001-941216-9

DISTRIBUTEURS EXCLUSIFS:

- Pour le Canada
et les États-Unis:
MESSAGERIES ADP*
955, rue Amherst
Montréal, Québec
H2L 3K4
Tél.: (514) 523-1182
Télécopieur: (514) 939-0406
* Filiale de Sogides ltée

- Pour la France et les autres pays:
VIVENDI UNIVERSAL PUBLISHING SERVICES
Immeuble Paryseine, 3, Allée de la Seine
94854 Ivry Cedex
Tél.: 01 49 59 11 89/91
Télécopieur: 01 49 59 11 96
Commandes: Tél.: 02 38 32 71 00
Télécopieur: 02 38 32 71 28

- Pour la Suisse:
VIVENDI UNIVERSAL PUBLISHING SERVICES SUISSE
Case postale 69 - 1701 Fribourg - Suisse
Tél.: (41-26) 460-80-60
Télécopieur: (41-26) 460-80-68
Internet: www.havas.ch
Email: office@havas.ch
DISTRIBUTION: OLF SA
Z.I. 3, Corminbœuf
Case postale 1061
CH-1701 FRIBOURG
Commandes: Tél.: (41-26) 467-53-33
Télécopieur: (41-26) 467-54-66

- Pour la Belgique et le Luxembourg:
VIVENDI UNIVERSAL PUBLISHING SERVICES BENELUX
Boulevard de l'Europe 117
B-1301 Wavre
Tél.: (010) 42-03-20
Télécopieur: (010) 41-20-24
http://www.vups.be
Email: info@vups.be

© 2000, C. E. Pickhardt

© 2001, Les Éditions de l'Homme,
une division du groupe Sogides,
pour la traduction française

Tous droits réservés

L'ouvrage original américain a été publié
par Barron's Educational Series, Inc.
sous le titre *Keys to developing your child's self-esteem*

Dépôt légal: 3ᵉ trimestre 2001
Bibliothèque nationale du Québec

ISBN 2-7619-1671-9

Pour en savoir davantage sur nos publications,
visitez notre site: **www.edhomme.com**
Autres sites à visiter: www.edjour.com • www.edtypo.com
www.edvlb.com • www.edhexagone.com • www.edutilis.com

L'Éditeur bénéficie du soutien de la Société de développement des entreprises culturelles du Québec pour son programme d'édition.

Nous reconnaissons l'aide financière du gouvernement du Canada par l'entremise du Programme d'aide au développement de l'industrie de l'édition (PADIÉ) pour nos activités d'édition.

Carl Pickhardt

Développez l'estime de soi de votre enfant

Traduit de l'américain par Marie-Blanche Daigneault

Introduction

L'*estime de soi n'a pas de réalité tangible*, en ce sens qu'elle ne peut être visualisée, touchée physiquement ni perçue directement. Comme *l'intelligence* ou la *conscience morale*, l'estime de soi est un concept psychologique *abstrait* visant à décrire un aspect de la nature humaine. L'existence de telle entité invisible ne transparaît que dans les actions de l'individu ; certains signes spécifiques témoignent de sa présence.

De ce fait, lorsqu'un enfant résout un problème, on estime que c'est là une preuve d'intelligence. S'il agit selon ses convictions morales, on suppose que cela témoigne d'une conscience morale. Et quand un enfant exige qu'on le traite équitablement, on considère qu'il s'agit là d'une marque d'estime de soi.

Il y a plus d'un siècle, le psychologue américain William James élaborait le concept d'estime de soi, d'abord comme formule : *l'estime de soi, c'est le rapport entre l'aspiration et sa réalisation*. Selon cette formule, la personne peut améliorer son opinion d'elle-même soit en multipliant ses réalisations, soit en diminuant ses désirs. (Voir Suggestions de lecture, Seligman, p. 30)

Ce rapport entre la réalisation et l'aspiration relève encore de l'approche de la psychologie moderne de l'estime de soi. Par exemple, si les réalisations d'une personne ne sont pas à la hauteur de ses aspirations, l'estime de soi décline. En revanche, si ses achèvements surpassent ses aspirations, l'estime de soi s'accroît.

Aujourd'hui, la formule semble toutefois avoir été adaptée aux valeurs de notre culture contemporaine : *l'estime de soi résulte de l'interaction entre le rendement et le sentiment de sa valeur personnelle.* La réussite permet de se sentir bien dans sa peau, et le fait d'avoir une bonne opinion de soi-même permet de bien réussir. D'une manière ou d'une autre, un meilleur rendement ou le sentiment de sa valeur personnelle sont tous deux susceptibles de rehausser l'estime de soi.

D'où provient l'estime de soi, à quel âge l'acquiert-on ? Selon l'Académie américaine de pédiatrie, l'estime de soi n'est pas innée. Il s'agit d'un trait de caractère qu'un nourrisson acquiert peu après sa naissance, qui dépend des circonstances, de la manière dont on le traite et de ses rapports avec le monde. (Voir Suggestions de lecture, Schor, p. 125)

L'estime de soi : un concept populaire et influent

L'estime de soi est l'un de ces concepts psychologiques que la culture populaire a fait sien, si bien qu'on l'emploie désormais couramment. Les parents consulteront volontiers un thérapeute s'ils s'inquiètent du « peu d'estime de soi » dont fait preuve leur enfant. Dans les écoles, certains programmes de formation à l'intention des professeurs et des conseillers d'orientation proposent des stratégies afin de développer l'aspect positif de l'estime de soi chez l'élève et ce parce que l'on croit que *les élèves qui ont une meilleure opinion d'eux-mêmes sont plus motivés à réussir.*

La simple observation des problèmes découlant d'une baisse sérieuse de l'estime de soi reste le témoignage clinique le plus pertinent en faveur de son immense pouvoir. Ainsi lorsqu'un enfant sombre dans une dépression grave, son univers psychologique se caractérise par un ensemble de traits : pessimisme, sentiment d'impuissance, désespoir, anxiété, sentiment d'inadaptation, manque d'intérêt, abattement, passivité et apathie.

Voilà pourquoi guérir d'une dépression dépend du rétablissement de l'estime de soi. Quand les enfants souffrants développent une meilleure opinion d'eux-mêmes et agissent plus efficacement envers eux-mêmes, ils retrouvent une estime de soi positive. Un médecin qui a travaillé auprès de nombreux enfants dépressifs soulignait le pouvoir de l'estime de soi : « Au cours de mes années d'exercice de la psychiatrie infantile, j'en suis venu à adopter cette notion cruciale : *les enfants doués d'une saine estime de soi récupèrent plus facilement, et ils résisteront mieux à la dépression.* » (Voir Suggestions de lecture, Fassler, p. 184)

L'approche de l'estime de soi dans cet ouvrage

Comment les parents peuvent-ils détecter ce sentiment naissant d'estime de soi chez leurs enfants ? En raison de leur grand nombre, cet ouvrage n'abordera que quelques-unes des méthodes disponibles. Nous n'avons sélectionné que les *stratégies* - ce que peuvent *dire* et *faire* les parents - qui sont facilement applicables, celles qui peuvent s'enraciner naturellement dans le comportement quotidien de la vie de famille.

À cette fin, le livre comporte sept sections. La première présente les considérations fondamentales sur l'estime de soi : la définition opérationnelle du terme, ainsi que les rapports de l'estime de soi avec la responsabilité, la croissance, l'apprentissage, l'estime de soi des parents et la ressemblance aux parents. La seconde associe l'estime de soi à quatre dimensions du fonctionnement familial : la communication, la courtoisie, le conflit et la discipline. La troisième expose cinq méthodes permettant aux parents de renforcer l'amour propre du jeune enfant : solliciter son aide, donner une juste place à l'argent, l'inciter à la créativité, favoriser la compétence et une saine concurrence.

La quatrième section se penche sur trois difficultés de la vie à l'école qui, une fois surmontées, serviront à consolider l'estime de soi : les notes, la cruauté sociale et le trouble de déficit de l'attention (un problème qui prend de plus en plus d'importance chez les enfants). La cinquième section examine les dangers que présente l'adolescence pour l'estime de soi, sur une période de huit à dix ans : les difficultés fréquentes liées aux définitions des rôles sexuels, et la manière dont l'orientation sexuelle peut influer sur l'estime de soi. La sixième section est la plus complexe car elle décrit des expériences de vie brutales, mais malheureusement courantes, qui peuvent avoir des conséquences dévastatrices sur l'estime de soi d'un enfant : l'oppression sociale, la dépression, l'usage de drogues et la dépendance, l'abandon et la maltraitance.

Enfin, la septième section propose cinq dispositions vitales que l'on peut développer chez les enfants afin de rehausser leur estime de soi : comment assumer leur caractère, leurs émotions, leur pensée, leurs attentes et le stress.

En conclusion, on trouvera une série de questions parmi les plus courantes concernant les enfants et l'estime de soi qui n'ont pas été abordées dans le corps de l'ouvrage. Le livre s'achève par une brève bibliographie et un glossaire de termes spécialisés.

Le mot de la fin

Si je n'accordais pas d'importance à l'estime de soi, je n'aurais pas rédigé cet ouvrage. Je considère que l'estime de soi possède une place tout à fait valable au sein de la matrice des concepts qui décrivent le fonctionnement psychologique. Cependant, en dépit de sa valeur, *une solide estime de soi ne suffit pas.*

Ainsi, elle n'a rien à voir avec le sens moral. Une bonne estime de soi n'empêche pas de commettre des méfaits. Les gens qui ont une excellente opinion d'eux-mêmes peuvent tout de même devenir des brutes, des criminels, voire de dangereux fanatiques. *Le mal peut s'emparer d'une personne nantie d'une solide estime de soi, tout autant que le bien.* Par ailleurs, l'estime de soi n'influe aucunement sur le résultat d'une entreprise. Elle ne garantit pas le succès. Les gens qui sont assurés de leur réussite peuvent tout de même mal comprendre, mal calculer et commettre des erreurs. *Une solide estime de soi peut déboucher sur l'échec aussi bien que sur le succès.*

Le concept de l'estime de soi est typiquement américain ; depuis sa création, il y a plus d'un siècle, il s'est complètement assimilé à la culture de ce pays. Cette notion semble désormais bien établie : elle participe à la quête du bonheur et de la réussite personnelle, elle est ancrée dans la valorisation de l'individu, et est validée par cette foi en l'amélioration personnelle et dans la réussite matérielle. Du reste, si cette idée n'est pas scientifiquement vérifiable, elle est séduisante et confirmée par le bon sens. La plupart des gens, s'ils avaient le choix, opteraient pour une bonne estime de soi plutôt que pour une estime de soi médiocre, parce qu'ils l'associent au bien-être personnel et à la compétence.

Dans le cadre de leur réflexion sur les besoins de leur enfant en matière d'estime de soi, je souhaite que les parents se penchent également sur les leurs *parce que l'estime de soi de chaque membre de la famille compte.* En tant que psychologue, j'ai pu observer que les gens sont plus portés à mal agir envers les membres de leur famille lorsqu'ils ont une piètre opinion d'eux-mêmes. Ils se sentent mal, et de ce fait, traitent mal les autres, du coup on les traite mal à leur tour, et ils se sentent encore plus mal dans leur peau. Le cycle de la souffrance se perpétue ainsi. *Dans les familles où l'estime de soi est médiocre, les rapports s'avèrent souvent mutuellement destructeurs.*

Dans les familles nanties d'une saine estime de soi, l'inverse est plus probable. Plus les membres de la famille se sentent bien dans leur peau, mieux ils traitent les autres, et mieux ils seront traités à leur tour. *Ils s'incitent les uns les autres à s'épanouir.*

L'estime de soi n'est pas un concept à la mode ou un gadget nouvel âge, il s'agit d'une nécessité intemporelle. Le fonctionnement heureux et sain des individus et des familles repose en partie sur son existence.

ODE À L'ESTIME DE SOI

Que les gens m'apprécient ou non,
Que je gagne ou que je perde,
Que je sois riche ou fauché,
Que je sois bien traité ou pas,
Que la chance me sourie ou pas,
Que je réussisse ou que j'échoue,
Que je rencontre l'amour ou non,
Que je sois séduisant/e ou plutôt ordinaire,
Que je sois aussi intelligent/e que les autres ou pas,
Que je me sente bien ou que je sois souffrant/e,
Que mes actions m'apportent prestige ou blâme,
Peu importe,
Je réclamerai le respect que je mérite,
J'apprécierai ce que je suis, ma manière d'être,
Je resterai convaincu que le bien réside en moi,
Je serai reconnaissant de cette nature humaine qui est mienne,
Je tenterai de faire ce que je crois être juste, et pour le mieux,
Je me pardonnerai si je n'y réussis pas,
Et je m'efforcerai de m'améliorer autant que je le peux.

Carl E. Pickhardt

LES PRINCIPES
DE L'ESTIME DE SOI
■

CHAPITRE 1

QU'EST-CE QUE L'ESTIME DE SOI ?
Deux concepts en un

L' « estime de soi » : cette expression allie deux termes qui, analysés séparément, éclairent sa signification globale.

« Soi » est un *concept descriptif* : quelles *caractéristiques* spécifiques identifient qui je suis ? « Estime » est un concept *évaluatif* : quels *critères* me permettent de mesurer la valeur de celui ou celle que je suis ? *L'estime de soi est liée à la manière dont une personne élabore et évalue la définition de son identité.*

Variabilité

Au cours de la vie de chacun, l'estime de soi fluctuera et variera. L'opinion qu'une personne a d'elle-même changera en fonction de son état de santé, de ses réussites ou de ses échecs, de ses gains ou de ses pertes, selon qu'elle se sente en pleine possession de ses moyens ou fatiguée, que la chance lui sourie ou que l'adversité l'accable, ou suivant une foule de circonstances et de conditions changeantes inhérentes à l'expérience humaine. Il serait utile que les parents gardent cette variabilité à l'esprit. S'ils envisagent l'estime de soi comme une constante qui, une fois bien établie, ne doit jamais changer, ils seront désemparés face aux périodes normales de la croissance, lorsque l'enfant sera insatisfait de lui-même. Ainsi, au début et au milieu de l'adolescence (voir chapitre 19), le jeune, en proie à d'intenses et imprévisibles sautes d'humeur, peut modifier impulsivement sa définition de soi (l'apparence) et son évaluation de soi (l'approbation), ce qui pourrait diminuer ou augmenter radicalement l'estime de soi. Les parents éviteront d'aborder cet aspect inconstant chez leur enfant comme un problème ; ils le concevront plutôt comme une réalité qu'il faut accepter. Ils doivent également aider l'enfant à prendre la responsabilité de se définir et de s'évaluer (voir chapitre 2) afin d'être capable de rétablir et de préserver une solide estime de soi tout au long des transformations et des difficultés qui jalonnent la route vers l'âge adulte.

Le concept du soi (« Ce qui m'identifie »)

Le concept du « soi » demeure un terme abstrait s'il ne se rattache pas à une dimension spécifique de la vie d'une personne, dimension à laquelle celle-ci s'identifie consciemment. De fait, si on demande à un enfant de parler de lui, l'enfant décrira ses intérêts (« J'aime les sports. »), son statut (« Je suis en deuxième année. »), ses relations (« J'habite avec mes parents et mon petit frère. »), ses biens (« J'ai un chat qui s'appelle Raoul. »), ses connaissances (« Je connais bien le basket-ball. »), ou son histoire (« Une fois, nous sommes allés au Mexique. »). Chaque descripteur ajoute une dimension supplémentaire au concept d'identité qu'affirme l'enfant. (Plusieurs enfants adoptifs, par besoin de compléter leur définition de soi, sont d'ailleurs poussés à rechercher leurs parents biologiques : « Je sais que j'appartiens à la famille avec laquelle j'ai grandi, mais les parents qui m'ont donné naissance font également partie de moi. Et j'ai besoin de retrouver cette histoire pour me sentir complet. »).

Le « soi » est semblable à une demeure abritant de nombreuses pièces, que la jeune personne occupe toutes : « J'aime bien ce que je fais. », « Je suis celui que je connais. », « Je suis ce que je ressens. », « Je suis mes souvenirs. », « Je suis mon passé. », « Je suis ce que je possède. », « Je suis ce que je pense. », « Je suis l'endroit auquel j'appartiens. », la liste peut ainsi s'allonger.

Les parents doivent surveiller si cette saine diversité semble se restreindre, si leur enfant en croissance semble choisir d'habiter de moins en moins de « pièces ». Dans le pire scénario, l'enfant choisira de vivre dans une seule pièce qui, si elle se vide, laissera l'enfant totalement dépourvu d'estime de soi. « Tu sais à quel point je suis sociable. Depuis que nous avons déménagé, et que je fréquente une nouvelle école, je n'ai plus d'amis. Je ne suis *rien* sans mes amis ! »

Si tel est le cas, les parents devront aider l'enfant à remplir la pièce inoccupée et à meubler quelques autres pièces pour abriter une nouvelle définition de soi. Ils peuvent organiser quelques petits événements qui permettront à l'enfant de se faire de nouveaux amis, mais aussi l'inciter à se consacrer à des activités en solitaire où il apprendra à apprécier sa propre compagnie. « Nous t'aiderons à rencontrer de nouveaux amis, mais nous souhaitons aussi que tu trouves une façon de prendre plaisir à passer du temps seul. » *Une définition de soi restreinte ou étriquée peut être à l'origine d'une piètre estime de soi.*

Le concept d'estime (« Comment je m'évalue »)

Le concept d'estime de soi est un concept évaluatif qui dépend du jugement que l'enfant porte sur lui-même. Ces évaluations peuvent être positives ou négatives et conforteront ou mineront l'estime de soi. Le plus souvent, elles s'appuient sur :

— *Le degré de conformité* aux normes personnelles ou de *réalisation des objectifs personnels*, dans certains domaines : « Je n'ai pas marqué un seul point pendant la rencontre aujourd'hui. » ou « J'ai marqué plus de points que d'habitude. »

— *Une évaluation du rendement personnel*, positive ou négative, par une figure d'autorité extérieure : « L'entraîneur m'a retiré du jeu dès la première période. » ou « L'entraîneur m'a fait jouer jusqu'à la fin. »

— *Les comparaisons* entre soi-même et les autres ; par exemple, sur l'ensemble de nos capacités par rapport à celles des autres : « Les autres enfants sont plus doués que moi. » ou « Je peux me mesurer aux autres, je suis à la hauteur. »

— *L'approbation ou la désapprobation* de ceux dont les opinions sont fortement valorisées, par exemple les pairs : « J'ai raté des tirs faciles, et les huées m'ont blessé profondément. » ou « J'ai apprécié qu'on m'applaudisse parce que j'ai marqué le but gagnant. »

— *Le fait de perdre ou de gagner* une compétition : « Je me sens comme un raté si notre équipe ne fait que perdre. » ou « Je considère que nous avons bien joué, même si nous avons perdu. »

Les parents doivent déterminer si leur enfant est enclin à porter des jugements. Si tel est le cas, plus l'enfant se jugera durement, plus cette évaluation risque d'être inexacte quand quelque chose tourne mal, et plus les critiques le toucheront. En conséquence, les parents devront se montrer vigilants si l'enfant, souvent à l'image du parent, exige beaucoup de lui-même, retourne sur lui le blâme et se pardonne difficilement.

Afin de contrer cette tendance à l'autodépréciation, on peut demander qu'une mesure d'appréciation de soi participe à chaque évaluation. Plutôt que de condamner cette tendance autocritique chez l'enfant – ce à quoi s'opposeraient plusieurs enfants –, les parents peuvent inciter le petit garçon ou la petite fille à inclure dans son évaluation de soi deux autres composantes d'égale importance : *être disposé à accepter les compliments* qui sont offerts sincèrement, et *être disposé à s'attribuer le mérite* pour ce qu'il ou elle réussit bien. « Nous respectons ton droit à t'évaluer, mais nous aimerions que tu prennes l'ensemble de la situation en compte, pas seulement un aspect. Tu as bien joué, et même si tes tirs ne marquaient pas, tu as tenu bon et tu as donné le meilleur de toi-même. Quand tout va mal, c'est justement à ce moment-là qu'il est le plus difficile de poursuivre. Bravo ! »

Une piètre estime de soi peut résulter d'une évaluation de soi trop critique. Les parents peuvent aider leur enfant à retrouver son estime de soi en insistant pour qu'il s'en tienne à une évaluation de soi équilibrée, évaluation qui admettra les échecs, tout en reconnaissant les atouts.

CHAPITRE 2

LA RESPONSABILITÉ
Qui est responsable de l'estime de soi chez un enfant ?

Pour bien comprendre l'estime de soi, il faut distinguer *influence* et *contrôle*. Les parents exercent une *influence* immense sur l'enfant, en raison de leur amour, des soins qu'ils prodiguent, de leur approbation, de l'exemple qu'ils donnent, et parce qu'ils fixent les règles de vie à la maison. Pour sa part, le *contrôle* dépend des décisions de l'enfant quant à ce qu'il doit faire ou ne pas faire, ou à ce qu'il ressent.

Il faut bien établir cette distinction de responsabilité, sinon l'enfant dérouté affirmera : « Vous me faites me sentir mal dans ma peau ! » Les parents peuvent certainement avoir des comportements qui déplaisent à l'enfant, mais la *définition de soi* et *l'évaluation du soi* – les composantes jumelles de l'estime de soi – sont en définitive du ressort de l'enfant.

Afin de souligner l'importance d'effectuer cette distinction, les parents conseilleront deux règles de conduite :
1. « Que la manière dont les autres te définissent n'affecte pas la façon dont tu te définis. »
2. « Que la manière dont les autres t'évaluent ne détermine pas la valeur que tu t'accordes. »

Discerner le traitement reçu de l'estime de soi

Envisageons le scénario qui suit. Prenons deux enfants, X et Y, qui grandissent auprès de parents agressifs verbalement. Chaque soir, ils déversent sur eux leurs contrariétés et les blâment pour leur stress, pour tous leurs problèmes. En thérapie, X révèle à quel point ces injures le blessent. «Certainement, quelque chose ne va pas chez moi, puisque mes parents me traitent si mal. Après tout, les parents sont censés nous aimer, donc je me dis que ce doit être ma faute.» Ici, X s'attribue une évaluation de soi négative pour les actes destructeurs de ses parents.

En consultation, l'enfant Y parle également du malaise que provoque en lui ce type de traitement; mais il ne se sent pas mal face à lui-même. *Le traitement étant le même, qu'est-ce qui fait la différence?* «Ça ne me plaît pas, mais je sais du moins que quelque chose cloche chez eux, pas chez moi. Les parents ne sont pas censés traiter les enfants ainsi.» Dans le cas présent, l'enfant s'épargne une évaluation négative en attribuant la responsabilité des actes négatifs aux parents. Soumise à la même épreuve, l'estime de soi des deux enfants réagit très différemment: X renonce à son estime de soi en se blâmant; Y la préserve en redonnant la responsabilité à qui elle appartient.

La valeur du comportement et des convictions

L'estime de soi des enfants dépend d'abord des comportements et des convictions. Il est important de leur faire comprendre la valeur de ce choix. Par les *comportements* qu'ils adoptent, ils *se définissent*. Un type d'action peut être *autovalorisante*. Ainsi, persister face à la difficulté tend à raffermir l'estime de soi. Mais, un autre type d'action peut s'avérer *autodévalorisante*. Renoncer à une tâche trop ardue, par exemple, tend à diminuer l'estime de soi. Dans ce cas, les parents pourront user de leur influence pour faire pression sur l'enfant ou l'instruire. Ils l'inviteront à poursuivre, l'y encourageront, afin qu'il apprenne à persévérer malgré la difficulté. L'enfant se sentira donc satisfait de lui-même parce qu'il a mené à bien un projet compliqué. « Ouf! J'ai réussi! Je ne pensais pas pouvoir y arriver! »

Les enfants *s'évaluent* au travers des *convictions* qu'ils entretiennent sur eux-mêmes. D'une part, ces opinions peuvent être *autovalorisantes* : se féliciter d'avoir réussi quelque chose tend à consolider l'estime de soi. D'autre part, ces croyances peuvent s'avérer *autodévalorisantes* : si l'on s'accole l'étiquette « stupide » pour avoir commis une erreur, l'estime de soi décroît. Dans ce cas, les parents influeront sur l'évaluation de l'enfant en présentant la leur : « Nous croyons que l'erreur appartient naturellement à la manière dont les gens apprennent. » L'enfant souscrira à cette évaluation, et son opinion de lui-même s'améliorera. « Maintenant, je sais ce que je ne dois pas faire. Avant, je n'en étais pas conscient. »

Ainsi, qui donc est responsable de quoi?

— Gérer l'estime de soi relève de la *responsabilité de l'enfant*.

— Enseigner à l'enfant comment gérer son estime de soi relève de *la responsabilité du parent en tant que guide*.

Convictions et comportements autovalorisants et autodévalorisants

L'estime de soi dépend de l'attitude que l'enfant développe envers lui-même. Un parent se doit d'exiger de l'enfant qu'il soit responsable des comportements et des croyances affectant son sentiment de valeur personnelle. À cette fin, il identifiera quel traitement est positif et lequel est négatif, et expliquera à l'enfant les interactions entre les croyances et les comportements. Cette éducation a pour objectif que l'enfant prenne davantage le contrôle de son estime de soi. Elle procède donc par un enseignement sur les convictions et les comportements usuels.

Voici quelques *comportements autovalorisants* que les parents appuieront : assumer la responsabilité de ses erreurs, accepter les compliments, réparer ce qui s'est brisé, terminer ce qu'on commence, et tenir ses promesses, autant envers soi-même qu'envers les autres.

Voilà un certain nombre de *croyances autovalorisantes* que les parents pourront assumer : « J'ai beaucoup à offrir. », « Je suis utile. », « J'ai un excellent sens de l'humour. », « Les gens aiment me fréquenter. », « C'est amusant d'essayer quelque chose de nouveau. »

Voici plusieurs *comportements autodévalorisants* que les parents identifieront : refuser de parler en groupe, vouloir contrôler le jeu avec d'autres enfants, ne pas faire l'essai d'activités où l'on pourrait exceller, mentir pour se soustraire à la responsabilité, tricher pour gagner.

Voilà diverses *convictions autodévalorisantes* que les parents identifieront : « Je n'ai rien de valable à dire. », « Rien ne me réussit jamais. », « Je ne fais rien de bien. », « Si quelque chose cloche, c'est probablement de ma faute. », « Si les gens me connaissaient mieux, ils ne m'aimeraient pas. »

Le rapport entre les comportements et les convictions

Il est capital que l'enfant comprenne le lien entre ses comportements et ses croyances. Les parents lui expliqueront qu'ils exercent une influence considérable les uns sur les autres.

En un sens, *le comportement dérive de la croyance*. Ainsi, si un enfant est convaincu d'être aussi intelligent que les autres élèves, il est fort probable qu'il réussisse aussi bien que la majorité à l'école. Mais, si l'enfant se considère inférieur et stupide, il ne tentera probablement pas de réussir aussi bien que les autres élèves. Pourquoi ? Parce *que les croyances agissent comme des prophéties amenées à se réaliser* : ce sont des conjectures que l'enfant s'efforcera de rendre vraies.

Cependant, la croyance découle du comportement. Supposons qu'un enfant arrive à gravir un arbre colossal au premier essai sans anicroche, il en viendra à se considérer comme un bon grimpeur. S'il fait une mauvaise chute à mi-chemin, il supposera qu'il n'est pas fait pour l'escalade des arbres. Pourquoi? Parce *que les comportements démontrent ce qui est vrai*; ils confirment les convictions des gens.

S'il s'en tient aux comportements qui lui permettent d'avoir une bonne opinion de lui-même, l'enfant sera enclin à acquérir des convictions consolidant son sentiment de valeur personnelle. Convaincu de sa valeur, il sera porté à adopter des comportements qui engendrent une opinion positive de lui-même.

Quelles responsabilités devront assumer les parents pour éduquer leur enfant sur l'estime de soi?

1. *Identifier* les comportements autovalorisants et autodévalorisants, et informer l'enfant de ce qu'ils sont.
2. *Repérer* les convictions autovalorisantes et autodévalorisantes, et informer l'enfant de ce qu'elles sont.
3. *Signaler* les liens entre les comportements et les croyances, et informer l'enfant de ce qu'ils sont.

CHAPITRE 3

LA CROISSANCE
La perpétuelle quête de l'estime de soi

La croissance est un trajet périlleux pour l'estime de soi d'un enfant parce qu'il subira des *pertes douloureuses*, et parce que la *séquence de croissance* elle-même peut inciter les parents à réagir impatiemment ou brusquement.

Les pertes dues à la croissance

Ces pertes ont-elles lieu d'être ? Oui, car *la croissance implique de laisser certaines choses derrière soi*. Puisqu'il faut acquérir de nouvelles façons de vivre avec soi-même, avec les autres et dans le monde, il est nécessaire de renoncer à certaines vieilles habitudes. L'enfant doit payer de ces pertes continuelles sa progression vers l'âge adulte. Tout comme le nourrisson doit délaisser la tétée pour passer au biberon, et comme le bambin renonce au biberon pour passer au verre, chaque pas vers l'autonomie éloigne l'enfant d'une dépendance dont il jouissait auparavant.

Naturellement, la croissance comporte ses récompenses : elle amène une compétence et un sens des responsabilités accrus, un meilleur statut social et l'approbation des parents. Mais l'enfant aura la nostalgie des consolations qui ne sont plus, car il les associe à une époque où la vie lui semblait plus facile. Pour que le processus n'écorche pas l'estime de soi, les parents doivent faire preuve de compréhension face à ces pertes inéluctables, les considérer comme une dure réalité de la croissance. « Ce n'est pas que nous prenons moins soin de toi à mesure que tu grandis que nous t'aimons moins. Nous t'aimons plus que jamais, et nous te respectons encore davantage. »

Les critiques des parents sont préjudiciables à l'estime de soi de l'enfant. C'est pourquoi ces derniers ne doivent pas critiquer l'enfant qui regrette l'absence des douceurs révolues (« J'aurais préféré ne pas grandir au point que tu ne puisses plus me porter ! »). Ils ne devront pas s'irriter non plus de la régression d'un enfant qui réclame ses anciennes consolations, sacrifiées à la croissance (« Fais-moi la lecture avant de dormir, comme tu le faisais quand j'étais petit et que j'étais malade. »).

Mieux vaut ne pas oublier que la croissance est au mieux une maladroite chorégraphie — deux pas en avant, un pas en arrière — où alternent progrès et régressions. *Les parents qui s'impatientent face à cette inconstance, ou qui punissent l'enfant pour ses reculs, ne font qu'ajouter leur désapprobation à un processus naturellement périlleux. Ce faisant, ils peuvent contrecarrer l'amélioration, et mettre en danger l'estime de soi de l'enfant.*

Grandir exige deux actes de bravoure. En premier lieu, il faut encaisser plusieurs pertes. Puis, il faut affronter l'insensibilité des parents qui souvent ne comprennent pas la séquence de croissance à l'œuvre.

La séquence de croissance

Le moment où un enfant se défait de vieilles contraintes pour passer à un nouveau développement marque le début d'un stade de croissance. Ce processus évolutif peut dérouter les parents qui tentent de s'y adapter. Ils n'arriveront d'ailleurs souvent qu'à le rattraper.

Que ce soit la transition de l'enfance au début de l'adolescence (vers l'âge de neuf à treize ans, voir chapitre 19), ou celle de la paisible première année à la turbulente deuxième année de vie, le rôle de parent n'est jamais le même puisque l'enfant est en changement constant. Dès lors que les parents sentent qu'ils ont enfin leur rôle «sous contrôle», et qu'ils comprennent leur enfant, ce dernier prend un nouveau visage. Et ils sont à nouveau amenés à demander ce qui se passe et comment réagir.

«*Comment réagir?*» Voilà une question d'importance, car cette réaction peut contribuer ou nuire directement à l'estime de soi d'un enfant, particulièrement vulnérable lorsque s'altèrent sa définition de soi et son évaluation de soi. En de telles circonstances, une connaissance de la nature générale de la séquence de croissance que traverse leur enfant s'avérera précieuse pour les parents.

SÉQUENCE DE CROISSANCE

1. *Désintégration* de l'ancienne définition	2. *Exploration* de l'inconnu	3. *Consolidation* de la nouvelle définition

MOTIVATION

Insatisfaction: Se défont en contestant les anciennes limites et en franchissant les frontières	*Curiosité:* Use de sa liberté pour expérimenter de nouvelles expériences	*Contrôle:* S'unir pour former une identité nouvelle

L'ENFANT RESSENT

Agité: «Je n'aime pas qui je suis ou la façon dont on me traite.»	*Excité:* «Je vais faire l'essai de nouvelles manières d'agir.»	*Satisfait:* «J'aime celui que je suis devenu.»

	L'ENFANT SEMBLE	
Rebelle	Imprévisible	Stable/cohérent
aux yeux du parent	aux yeux du parent	aux yeux du parent

	LE PARENT RESSENT	
La colère	L'anxiété	Le soulagement
face à l'opposition	face à l'inconnu	face à la stabilité

Départager le processus de croissance et le choix personnel

Les parents doivent anticiper les séquences de croissance qui relèvent du processus naturel que vit leur enfant. Ils éviteront de se sentir visés personnellement par ces changements ou d'exercer une sévérité excessive à leur égard. Car ils pourraient alors critiquer et dire des choses regrettables, irrités par l'opposition (de la désintégration). Ils risqueraient de réagir trop fortement afin de reprendre le contrôle et de commettre des actes blessants par crainte de l'imprévisible (de l'exploration). Les parents doivent accepter les séquences de la croissance : la désintégration entraîne l'exploration, l'exploration mène à la consolidation, et tôt ou tard, cette consolidation engendrera une fois de plus la désintégration. Les enfants ne grandissent pas dans le but spécifique d'irriter leurs parents ; ils grandissent en vue de s'épanouir.

Les parents ne doivent pas blâmer l'enfant pour ce processus de croissance ; par contre, au fil du processus, l'enfant porte la responsabilité de ses choix personnels. Ainsi, ils accepteront la colère du bambin de deux ans qu'on prive d'une liberté (l'opposition participant à la désintégration), mais ils lui feront comprendre qu'une crise ne réussira pas à modifier leur «non». Ou bien encore, ils admettront le désir de l'enfant d'explorer en goûtant les objets (l'expérimentation appartenant à l'exploration), mais ils lui feront comprendre qu'il ne faut pas mettre les rebuts dans la bouche.

Sans aborder la croissance comme une infraction répréhensible, ils traiteront toutefois la prise de décision de l'enfant comme relevant de sa responsabilité. Par la suite, lorsque le comportement de l'enfant se stabilise, et que la vie avec lui redevient temporairement sereine, ils ne s'attendront pas à ce que la satisfaction engendrée par la consolidation dure à jamais. Ils anticiperont les prochains bouleversements du développement.

Pour les enfants, la croissance présente un enjeu considérable. Leur définition de soi et leur évaluation de soi (les composantes jumelles de l'estime de soi) risquent constamment d'être révisées, et le résultat de cette révision reste incertain. La croissance demande du courage, le courage de pénétrer l'inconnu et celui d'affronter l'impatience et la désapprobation des parents. Voilà pourquoi les enfants ont besoin que leurs parents acceptent ce que l'instinct les contraint à faire ; la censure est superflue puisqu'ils subissent une transformation sur laquelle ils n'ont aucun contrôle.

CHAPITRE 4

L'ÉDUCATION
Les périls de l'apprentissage

Le rapport entre l'estime de soi et l'apprentissage est paradoxal. L'apprentissage peut consolider l'estime de soi : grâce à lui, les aptitudes évoluent et la compréhension s'approfondit. Mais, une bonne dose d'estime de soi est nécessaire pour apprendre. Les parents sont conscients du premier principe, mais ne reconnaissent pas le second. Pourquoi l'apprentissage exige-t-il d'avoir une bonne estime de soi ? Parce que *le processus d'apprentissage en soi est psychologiquement risqué*, et que le désir de prendre ces risques dépend en partie de l'assurance et du sentiment de valeur de l'enfant.

Les périls de l'apprentissage

Le problème est peut-être dû à une certaine *amnésie de la part des parents* : ils oublient à quel point, lorsqu'ils étaient eux-mêmes enfants, apprendre même les tâches les plus simples pouvait être ardu et éprouvant. Ce faisant, les parents s'impatientent lorsque leur enfant n'arrive pas à saisir rapidement un concept fondamental, par exemple, la question de la sécurité en traversant la rue. « Pourquoi n'y arrives-tu pas dès le premier coup ? Pas besoin d'être un génie pour comprendre ! C'est pourtant simple. Tu vas jusqu'au coin de la rue, tu t'arrêtes, et tu regardes à gauche et à droite. Si aucune voiture ne vient, ni de la gauche ni de la droite, alors il n'y a pas de danger à traverser. Qu'est-ce qu'il faut faire pour que tu apprennes ? » La réponse c'est qu'il faut s'exercer par la répétition, car *la plupart des enfants ne sont pas aptes à saisir du premier coup* ce que les parents aimeraient qu'ils sachent. La patience des parents, leur supervision et leur encouragement leur sont indispensables. Si vous vous emportez, l'enfant pourrait refuser d'apprendre parce que le processus lui semble désormais *hasardeux*.

Prenez le cas d'un adolescent de seize ans qui n'a jamais conduit une voiture, avec pour instructeur un proche nerveux. Les voilà ensemble dans la voiture, l'enfant est au volant et la sécurité du parent est désormais entre les mains de son enfant inexpérimenté. Examinons maintenant *cinq périls pour l'estime de soi* que l'enfant doit affronter lorsqu'il prendra la route :

1. Il ou elle devra *admettre son ignorance*. « Je ne sais même pas changer les vitesses. »
2. Il ou elle devra accepter de *commettre des erreurs*. « J'avais oublié d'enlever le frein avant d'accélérer. »
3. Il ou elle doit accepter de se *sentir stupide*. « Je voulais enclencher le signal pour tourner, mais j'ai déclenché les essuie-glaces. »
4. Il ou elle doit accepter d'*avoir l'air ridicule*. « Je reste bloqué à l'intersection, et en arrière, tous les autres conducteurs klaxonnent. »
5. Il ou elle doit accepter d'*être évalué*. « Et voilà que tu te plains qu'après le quatrième essai, je me suis encore garé trop loin du trottoir ! »

L'apprentissage mène à la compétence, et de ce fait, renforce l'estime de soi. En revanche, parce que l'apprentissage met toujours l'estime de soi en péril, les parents doivent surveiller leurs réactions au cours de ce processus durant lequel l'enfant acquiert, par tâtonnements, de nouvelles aptitudes et approfondit sa compréhension.

Retournons à l'exemple du parent comme passager énervé. Comparons deux séries de réactions extrêmes que le parent pourrait avoir face à cinq risques que prend son conducteur novice. Notez les réactions *encourageantes* à gauche et les réactions *démotivantes* à droite.

RÉACTION ENCOURAGEANTE	PÉRIL DE L'APPRENTISSAGE	RÉACTION DÉMOTIVANTE
« Tout apprentissage commence dans l'ignorance. »	*Admettre son ignorance*	« C'est stupide de ne pas savoir ça à ton âge. »
« Nous apprenons tous de nos erreurs. »	*Commettre des erreurs*	« Tu échoues continuellement. »
« Ne pas savoir n'est pas facile. »	*Se sentir stupide*	« Tu n'apprendras jamais ! »
« Tu es courageux de continuer à essayer. »	*Se sentir ridicule*	« Que vont dire les gens ? »
« Tu en sais plus que tu en savais. »	*Être évalué*	« Tu t'es encore trompé ! »

S'ils souhaitent *décourager* l'enfant de se risquer à apprendre, à relever de nouveaux défis pour esquiver les souffrances, les parents opteront pour des réactions qui minent son estime de soi. Ils rendront l'apprentissage *hasardeux* :

— Ils dénigreront l'ignorance ;
— Ils se montreront impatients face aux erreurs de l'enfant ;
— Ils critiqueront la stupidité ;

— Ils lui feront honte ;
— Ils formuleront des évaluations punitives.

Les attitudes peuvent amener l'enfant à ne plus vouloir se risquer à apprendre, tel que le requiert la croissance. Si toutefois les parents envisagent l'apprentissage pour ce qu'il est, un acte de bravoure, ils auront plutôt des réactions *encourageantes*. Ainsi :

— Ils apprécieront le fait d'admettre ne pas savoir ;
— Ils se montreront patients face aux inévitables erreurs ;
— Ils comprendront que l'enfant se sente parfois stupide ;
— Ils loueront son courage de tenter et d'échouer en public ;
— Ils évalueront positivement le fait qu'il en sache plus qu'auparavant.

Mesures de sécurité à la maison

Enfin, les parents pourront faire du soutien à l'apprentissage une valeur familiale. Leur patience lorsqu'ils apprennent eux-mêmes quelque chose servira d'exemple ; ils n'agiront pas sous l'effet de la frustration, du découragement ou en étant impatients envers eux-mêmes lorsqu'ils étudient un sujet difficile. Et ils devront s'assurer que personne ne soit humilié parce qu'il éprouve des difficultés à acquérir une aptitude nouvelle ou à approfondir sa compréhension. Du coup, on enseignera aux enfants aînés à ne pas se moquer des plus jeunes lorsque ceux-ci s'efforcent d'apprendre quelque chose.

CHAPITRE 5

L'ESTIME DE SOI DES PARENTS
L'impact du modèle

Le rôle de parents doit tenir compte de cet axiome : « Vous ne pouvez donner à votre enfant ce que vous ne possédez pas. » Selon ce principe, le parent qui a l'habitude de mentir ne peut transmettre l'honnêteté à un enfant, pas plus qu'un parent colérique ne peut enseigner à son enfant le stoïcisme face à une crise. Ce qu'enseignent les parents repose davantage sur leur conduite personnelle que sur leurs paroles. Pour l'enfant, *les actes de ses parents représentent leur enseignement.*

Par conséquent, si un parent émet un double message du type « Fais ce que nous disons, pas ce que nous faisons. », le modèle offert possède habituellement un impact supérieur à celui des directives verbales. Voici des parents qui recommandent à leur enfant, pour lui éviter les tensions de leur mode de vie, de ne pas se surcharger de travail, de ne pas être constamment en retard, de ne pas travailler sous pression, de ne pas épuiser ses forces, et le voilà qui fait exactement le contraire de ce qu'ils lui disent, au prix de sa vie affective. Pourquoi ? Dans une certaine mesure, l'enfant apprend à agir en imitant le comportement parental.

De ce fait, si les parents réprimandent un enfant tout en perpétuant eux-mêmes les comportements qu'ils souhaitent voir cesser chez l'enfant (hurler pour empêcher l'enfant de crier), ils ne font qu'inciter la mauvaise conduite qu'ils souhaitent enrayer. Encore une fois, le modèle présenté s'avère plus puissant que l'instruction verbale. *Pour le meilleur ou pour le pire, les parents influenceront l'enfant de façon optimale en le guidant par l'exemple.*

L'exemple et l'estime de soi

Certains modèles sont offerts intentionnellement. Les parents récompenseront l'enfant de leur approbation lorsqu'il ou elle a appris à suivre une règle ou à accomplir une tâche comme ils lui ont enseigné : « Bravo ! Tu l'as fait exactement comme nous ! » Et le petit se sentira fier d'avoir agi comme ses parents. L'essentiel de l'exemple des parents se transmet toutefois sur le plan subconscient. Si les parents agissent spontanément, les enfants assimilent automatiquement ces exemples ; les modèles sont gravés à leur insu. Le petit garçon ou la petite fille acquiert l'essentiel de sa définition personnelle de soi en tant que membre de la culture familiale dans laquelle il ou elle est né. L'enfant tient pour acquis ces faits tout autant que les parents : leurs comportements habituels, leurs attitudes générales, leurs suppositions tacites, leurs manières de s'exprimer, leurs goûts, et ainsi de suite. La plupart du temps, l'essentiel de ces exemples échappe à l'observation des parents, et cela inclut les comportements et les convictions qui influent directement sur l'estime de soi, pour le meilleur ou pour le pire.

Il est néanmoins possible de remédier à cette omission courante. S'ils le souhaitent, les parents peuvent évaluer les convictions et comportements *autovalorisants* et *autodévalorisants* ayant des répercussions sur plusieurs domaines de leur vie. Les réponses aux questions qui suivent leur permettront de mesurer l'influence potentielle de leur exemple sur l'estime de soi de l'enfant :

1. *Quels principes autovalorisants ou autodévalorisants sous-tendent leur vie intérieure ?* S'acceptent-ils et s'apprécient-ils, ou sont-ils critiques envers eux-mêmes et se rejettent-ils ? Prennent-ils soin d'eux ou se négligent-ils ? Affirment-ils leur sens des responsabilités ou rendent-ils les autres responsables de ce qui leur arrive ?
2. *Quels principes autovalorisants ou autodévalorisants sous-tendent leurs rapports avec les autres ?* Ont-ils tendance à traiter les autres avec honnêteté et confiance, ou avec méfiance et déloyauté ? Disent-ils ce qu'ils pensent et s'expriment-ils, ou se taisent-ils et portent-ils un masque hypocrite ? Vont-ils vers les gens et s'engagent-ils, ou restent-ils en retrait et s'isolent-ils ?
3. *Quels principes autovalorisants ou autodévalorisants sous-tendent leurs interactions avec le monde ?* Pensent-ils que l'effort en vaut la peine, ou qu'il est futile et une perte de temps ? Croient-ils qu'il faut agir pour obtenir ce qu'on veut ou accepter passivement ce qui se passe ? Envisagent-ils un avenir leur offrant un éventail d'occasions, ou baissent-ils les bras face à un avenir décevant ?

Les attitudes sont toutes aussi valables les unes que les autres. En revanche, les options positives engendreront une meilleure estime de soi. Ce type de modèle est en effet plus propice à l'épanouissement d'une estime de soi positive chez l'enfant.

Le second modèle parental

Il existe une dérogation à l'axiome proposé au début de ce chapitre. Les parents peuvent transmettre à leur enfant des qualités positives sans toutefois en être doués, qualités qui étayeront son estime de soi. De prime abord, le fait semble paradoxal. Le principe de départ serait-il faux ? Non. Il est exact, mais seulement jusqu'à un certain point, car le pouvoir du modèle dépasse celui de la simple imitation.

Il faut également tenir compte du refus conscient d'imiter. *Donner l'exemple dépend en partie de ce que les parents ont à offrir, mais également de ce que les enfants choisissent d'assimiler.* Le parent a donc *deux* modèles à offrir à l'enfant :

— Ce qu'il doit être ;
— Ce qu'il ne doit pas être.

En termes simples, l'enfant peut décider de *ne pas* être comme ses parents dans leurs attitudes pénibles, désagréables, contre-productives, voire *nuisibles à l'estime de soi*. « Quand je me sens mal dans ma peau, je ne vais pas me saouler comme ma mère, parce que j'ai constaté que ça ne fait qu'empirer les choses ! »

Dans le cas présent, la mère ne cherche pas particulièrement à donner un exemple négatif afin que l'enfant recoure à un comportement positif, mais cela s'est cependant produit. *L'enfant a bénéficié du contre-modèle — l'exemple de ce qu'il ne doit pas être.*

Transformer le modèle

Une fois le modèle parental établi, est-il immuable ? Prenons l'exemple d'un homme qui a grandi dans une famille gouvernée par des parents perfectionnistes pour qui la somme des accomplissements n'est jamais suffisante. Ils ne se montrent pas plus durs avec lui qu'ils le sont avec eux-mêmes, ils lui enseignent tout simplement ce qu'ils ont appris : à ne jamais être satisfait de soi, à constamment chercher à atteindre des idéaux plus ou moins inaccessibles, à ne jamais ressentir de contentement. Cet homme, donc, aujourd'hui père, est miné par un sentiment de médiocrité personnelle, son estime de soi est l'objet d'attaques incessantes : « J'aurais pu faire plus d'efforts. », « Je n'ai pas fait de mon mieux. »,

« Je n'ai pas été à la hauteur de mon potentiel. », « Je ne serai jamais l'homme que j'aurais pu être. »

Voilà le modèle d'estime de soi qu'il présente et qu'il transmet à ses enfants, par le biais de ses critiques constantes. Peut-il changer le modèle à son gré ? Ou est-il voué à léguer à la génération suivante ce sentiment d'inaptitude acquis ?

La réponse à cette dernière question est non, assurément. Comme je l'ai mentionné, l'estime de soi dépend de la manière dont une personne *choisit* de se définir, et *choisit* d'évaluer cette définition. Dans l'exemple ci-dessus, l'estime de soi médiocre découle de la manière autodévalorisante dont l'homme a appris à se traiter. Il peut néanmoins modifier les principes qui régissent sa vie intérieure, en ramenant l'idéal inaccessible qu'il vise à un objectif plus réaliste et plus humain. Avec de la pratique, il acceptera que si la notion qui veut que l'être humain est par nature imparfait convient à la grande majorité des gens, elle peut aussi lui convenir.

Il n'est pas rare de guérir de comportements autodévalorisants, et si cette guérison se produit chez le parent, la transformation peut s'avérer extrêmement libératrice pour l'enfant. Le puissant impact du modèle qu'offre l'estime de soi parentale revient à ceci : *les parents qui préservent leur estime de soi possèdent l'une des meilleures méthodes pour engendrer une estime de soi positive chez l'enfant.*

CHAPITRE 6

LA RESSEMBLANCE ET L'ESTIME DE SOI
Le « bon » enfant et le « vilain » enfant

Dès les débuts de la vie, et tout d'abord à la maison, l'enfant est incité à se conformer. Les parents — premiers responsables, premiers amis, premiers compagnons de jeu et détenteurs du pouvoir — établissent les règles familiales auxquelles doivent se plier le petit garçon ou la petite fille. Afin de mériter l'approbation, de voir ses besoins comblés, et souvent de recevoir des marques d'affection, l'enfant apprend qu'il vaut mieux s'adapter et suivre le courant. *La psychologie de la similitude* incite le garçon ou la fille à s'efforcer d'être comme les adultes qui gouvernent la famille pour être apprécié, et obtenir en retour ce qu'il ou elle désire.

L'enfant découvre que la conformité à ceux qui sont à la tête du système familial (et par la suite, aux autorités régissant l'ordre social) tend à être récompensée : « Plus j'agis comme eux et comme ils souhaitent que j'agisse, mieux on me traite. » De l'avis des parents, *leur enfant le plus « facile » est d'habitude celui qui leur ressemble le plus*. Les conflits de similitude peuvent toutefois invalider ce principe : le parent s'évertue à changer chez son enfant ce qu'il n'a jamais pu changer en lui-même (par exemple, l'habitude de remettre les choses à plus tard).

À l'instar d'autres animaux sociables cependant, les êtres humains ont tendance à trouver réconfort et sécurité dans la similarité ; ils sont enclins à se sentir inconfortables avec l'altérité et menacés par elle. C'est pourquoi la similitude de leur enfant éveillera chez les parents un sentiment de familiarité et de compatibilité. « Nous n'avons jamais eu de problème avec notre fille. Elle apprécie ce que nous aimons, et agit comme nous le désirons. » Souvent, une ressemblance fortuite de type hérité (une similitude génétique des traits de personnalité, de tempérament, d'intelligence, d'apparence physique) confortera ce sentiment de similitude. Par ailleurs, l'absence d'affinité génétique (belle-famille ou adoption, par exemple) diminuera la ressemblance, donnant lieu au sentiment d'avoir affaire à un étranger.

L'enfant qui est « différent »

Du fait que la ressemblance aux parents suscite souvent l'approbation, elle entretient l'estime de soi de l'enfant. Si la définition de soi de l'enfant est pour l'essentiel à l'image des parents, ceux-ci apprécieront de voir une grande part d'eux-mêmes se refléter en l'enfant. Mais que se passe-t-il si une disparité importante existe entre les parents et l'enfant ? Que se produit-il lorsque leurs natures respectives divergent, et que chacun des membres participant à la relation se heurte à ces différences fondamentales ?

Imaginons ce scénario familial : le premier-né possède une forte constitution, à l'image des deux parents, il dit ce qu'il pense, il est extraverti et possède le même dynamisme et la même aptitude athlétique naturelle. En outre, *cet aîné* apprend avidement de ses parents des stratégies de jeux, il prend plaisir à leurs activités à l'extérieur, se plie de bonne grâce à leurs souhaits, et assimile leur passion pour les sports populaires, autant comme observateur que comme participant. Ensemble, ils forment une petite société d'admiration mutuelle où le sentiment d'avoir tant en commun alimente le plaisir qu'ils prennent à être ensemble.

Puis vient *le petit deuxième* qui, dès le départ, semble *différent*. Frêle et pensif, il se développe plus lentement physiquement, se fatigue facilement, préfère la maison au plein air, la lecture et la rêverie aux jeux et aux sports. Il est introverti et communique peu, se rebute quand on lui demande ou qu'on le somme de cesser un jeu solitaire captivant.

La comparaison dévastatrice

Les parents n'aiment pas moins le second enfant que le premier, mais ils s'entendent à dire que ce petit est «notre enfant difficile», qu'il n'est pas aussi «facile» que le premier. Et cette opinion s'accentuera encore lorsque le cadet suivra son frère ou sa sœur dans l'adolescence. «Notre aîné communique avec nous, il accepte de faire ce que nous voulons et il est de compagnie agréable. Mais notre second préfère être seul, et il refuse de se joindre à nous pour les sorties. Il reste à l'écart des activités familiales, et nous comprenons difficilement ses amis et ses intérêts. Il insiste pour être différent. Et quand nous en avons assez de cette disparité, nous finissons par le critiquer et le corriger pour qu'il nous ressemble davantage.»

Si la ressemblance aux valeurs et aux normes parentales est récompensée par l'approbation, l'incompréhension, le rejet des parents, leur agacement face au non-conformisme, le conflit découlant de la désobéissance, voire l'irritation face au refus de l'enfant de changer sanctionneront la dissemblance de l'enfant. «Il va falloir vous y faire! Je ne suis pas comme vous, ni comme ma sœur, et je ne le serai jamais!»

L'enfant différent se sentira isolé, réprouvé, parce qu'il ne correspond pas à la culture dominante de la famille, ce qui nuira à l'estime de soi. Chaque message visant à le changer est perçu comme un rejet de plus.

Le piège de l'évaluation

Si les parents estiment un enfant « facile », en raison de sa similitude, et un autre « difficile », en fonction de sa divergence de la norme familiale, ils risquent de conclure que facile équivaut à « bon » et difficile à « vilain ». Cette distinction peut donner lieu une préférence (préjugé) et à un favoritisme (discrimination) apparents. Le bon enfant fera l'objet d'évaluations positives et sera récompensé, alors que le vilain enfant recevra moins d'évaluations positives ou de récompenses.

Dans les cas extrêmes, l'enfant « vilain » se sentira lésé, et pourrait se rebeller contre ce qu'il perçoit comme une injustice, ce qui accroîtra encore sa piètre réputation et la dureté du traitement qu'on lui réserve. Il deviendra un générateur de conflit au sein de la famille, et une source de préoccupations constante pour les parents. En revanche, le bon enfant continuera de s'attirer les louanges et les bénéfices des parents.

Les rôles contrastés joués par chacun des enfants seront souvent à l'origine de jalousies entre eux. L'enfant difficile envie la quantité démesurée d'approbation parentale que reçoit l'enfant facile. L'enfant facile envie la quantité supérieure de temps que consacrent les parents à l'enfant difficile. Quant aux parents, ils ne cherchent pas à se montrer injustes. Ils font simplement de leur mieux pour remettre sur le droit chemin l'enfant difficile, en le changeant pour qu'il corresponde davantage à leur définition d'un « bon enfant ».

Récompenser la similitude peut meurtrir le « bon » enfant autant que l'enfant « difficile »

Les parents doivent éviter de trop récompenser la similitude, car cela peut écorcher l'estime de soi de l'enfant « difficile » tout autant que celle du « bon » enfant. Songez à ce qui peut se produire à la fin de l'adolescence. Le « vilain » enfant, prenant son envol vers l'autonomie, peut sincèrement revendiquer l'individualité pour laquelle il s'est toujours battu. Quant aux parents, finalement affranchis du rôle actif de tuteurs, ils baissent les armes et acceptent enfin leur enfant difficile pour ce qu'il est. Ils sont désormais capables d'apprécier ses bons côtés parce qu'ils ne se sentent plus tenus de réformer sa différence.

L'aîné, le bon enfant dès le départ, pourrait toutefois se voir confronté à un grave problème. En vue de préserver son excellente réputation toutes ces années durant, il aura sacrifié une part d'authenticité pour continuer à mériter une évaluation parentale positive. Afin de plaire aux parents ou d'échapper aux critiques et aux conflits dont l'enfant plus jeune était l'objet, l'aîné aura peut-être réprimé son côté différent ou «difficile». Arrivé au seuil de l'indépendance, le bon enfant se sent piégé, contraint de préserver une image idéale par crainte de la ternir et de perdre son statut aux yeux des parents : «Je ne supporterais pas de les décevoir!» *Si l'enfant brime son authenticité au profit de la ressemblance à des êtres qui sont jugés importants, cette suppression de son caractère unique est susceptible d'endiguer l'estime de soi: «Je déteste sentir que je suis incapable d'être celui que je suis vraiment.»*

Pour l'enfant «difficile», c'est la désapprobation des parents parce qu'il est différent qui est pénible à supporter. «Comment puis-je me sentir bien dans ma peau si mes parents n'apprécient pas ma manière d'être?» Pour le «bon» enfant, c'est la pression constante pour demeurer similaire aux parents afin de continuer à mériter leur approbation qui est difficilement endurable. «Comment puis-je me sentir bien dans ma peau si je ne peux pas révéler à mes parents ce que je suis vraiment?»

Pour éviter le piège de l'enfant facile/difficile, les parents peuvent aborder la similitude et la disparité au sein de la famille comme des éléments de diversité des traits humains auxquels peut prétendre chaque enfant. Afin de s'épanouir pleinement et en toute authenticité, l'enfant doit se sentir libre d'être parfois facile, parfois difficile, tantôt le bon enfant, tantôt le garnement. *L'estime de soi dépend d'une part du fait d'être apprécié parce que similaire aux parents, et d'autre part, du fait d'être aimé pour sa différence.*

L'ESTIME DE SOI ET LE FONCTIONNEMENT FAMILIAL

■

CHAPITRE 7

LA COMMUNICATION
Parler franchement

La manière dont un enfant aborde le langage parlé peut influencer profondément son estime de soi. La communication est l'émission de messages verbaux qui révèlent quelque chose sur le sujet parlant, et *sur le plan social*, elle *définit* la personne. Cette définition est l'une des deux composantes de l'estime de soi.

La communication franche

Même nos proches doivent s'appuyer sur l'information adéquate et exacte que nous leur fournissons afin de comprendre nos sentiments, nos pensées et le sens de nos gestes. Si ces données personnelles proviennent d'une autre source, ce sont au pire des ragots, au mieux des ouï-dire. Il en va de même pour ce que nous savons des autres. Voilà pourquoi la définition de soi représente une *responsabilité importante* qui revient à chacun : il s'agit de se faire connaître à autrui.

« Mais, proteste l'enfant, si vous m'aimiez vraiment, je n'aurais pas à m'expliquer pour que vous compreniez ce que j'éprouve. » Mais il n'en va pas ainsi :

l'amour ne fait qu'accentuer le désir de comprendre. On pourra deviner, éprouver de l'empathie, sentir intuitivement ou imaginer, mais seul le fait de dire pourra éclairer véritablement la compréhension. *Personne ne sait lire dans la pensée.*

Comment procède la communication verbale ? Il faut faire appel aux cinq formes de la franchise :

1. La franchise qui consiste à *exprimer* les pensées et les sentiments qui forment l'expérience intérieure de l'individu. Si on lui demande ce qui s'est passé à l'école, l'enfant répond : « Je n'ai été choisi ni par l'une ni par l'autre des équipes à la récréation, et ça m'a vraiment blessé. » *Le fait de discuter d'expériences douloureuses avec quelqu'un d'autre permet d'obtenir compréhension et soutien ;*
2. La franchise qui consiste à *expliquer* ses opinions et ses convictions afin d'affirmer son point de vue. Commentant le chagrin d'un ami de la famille, l'enfant dit : « Je crois que c'est mal de divorcer ! » *Partager ses opinions et ses convictions avec l'autre permet de faire connaître sa position ;*
3. La franchise qui consiste à *interroger* afin de comprendre ce qui se passe, à demander pour découvrir. Un bouleversement dans la vie d'un parent attise la curiosité de l'enfant : « Qu'est-ce qui va se passer, maintenant que tu n'as plus de travail ? » *Demander de l'information à l'autre permet d'obtenir les réponses qui diminueront l'angoisse de ne pas savoir ;*
4. La franchise qui consiste à *confronter* un traitement inacceptable et dire qu'on se sent lésé. « Ce n'est pas juste qu'un seul de nous deux soit de corvée, alors que l'autre s'en tire sans rien faire ! » *Le fait de s'objecter à ce qu'on perçoit comme injuste de la part de l'autre permet de s'occuper de ses intérêts personnels ;*
5. La franchise qui consiste à *concilier* les dissensions. « Je voudrais arriver à une solution qui nous convienne à tous deux. » *Le fait d'être disposé à discuter honnêtement d'un différend avec l'autre permet de résoudre les conflits.*

Grâce à ces cinq formes de communication sincère : s'exprimer, s'expliquer, interroger, confronter et résoudre, l'enfant assume sa part de responsabilité quand il s'agit de se faire connaître de l'autre. Pour qu'il y ait communication, l'enfant doit se respecter suffisamment pour prendre le *risque* de se voir défini socialement en tant qu'individu.

Quels sont ces risques ?
— Se révéler au risque d'encourir le ridicule.
— Se montrer insensible, et peut-être blesser.
— Offenser, au risque d'éveiller la désapprobation.
— Susciter le désaccord, et peut-être attiser le conflit.
— Paraître trop différent au risque de se voir exclu.

La franchise exige du courage, il faut braver des réactions hors de notre contrôle, oser se dévoiler. *Accepter de parler franchement et de s'exprimer dépendent tous deux de l'estime de soi, et à leur tour, ils l'alimentent.* Le silence, la solution de rechange à cette expression sincère, reflète souvent une carence d'estime de soi, et à son tour, il l'affaiblit.

Les pièges du silence

L'enfant qui apprend à parler franchement au sein de sa famille deviendra un adolescent honnête, et par la suite un adulte ouvert. Malheureusement, les enfants qui grandissent dans une famille où l'on ne présente pas ce modèle d'expression franche, où elle n'est ni encouragée ni permise, et où elle s'avère même dangereuse, acquerront par le fait même *l'habitude de se taire*. Dans le pire des cas, cette habitude inhibera la définition sociale et minera l'estime de soi.

— Plutôt que d'apprendre à exprimer leur expérience intime, les enfants apprendront à réprimer et à se retirer, à demeurer *silencieux*.

— Plutôt que d'apprendre à partager leurs opinions et leurs convictions, les enfants apprendront à s'en remettre aux points de vue des autres et à se *taire*.

— Plutôt que d'apprendre à interroger pour découvrir, les enfants apprendront à *attendre qu'on leur dise* (ou bien qu'on ne leur dise rien).

— Plutôt que d'apprendre à s'affirmer et s'opposer à un traitement inadmissible, les enfants apprendront à *accepter n'importe quel traitement*.

— Plutôt que d'apprendre à discuter des divergences importantes, les enfants apprendront à capituler et à *éviter le conflit*.

Ce conditionnement au silence empêchera l'enfant de se définir socialement, ce qui diminue l'estime de soi. Il deviendra, à son détriment, soumis sur le plan social. Il risque de trop vivre selon les principes des autres, et pas assez suivant les siens. Dans les cas extrêmes, cette soumission rendra les enfants sans défense, vulnérables à l'*exploitation* (ils se laisseront exploiter encore et encore) et à la *victimisation* (ils se laisseront blesser encore et encore).

Promouvoir la franchise

Pour inciter à parler franchement, trois méthodes simples s'offrent aux parents :

1. *Donnez l'exemple de la franchise.* (Les parents qui expriment honnêtement leurs pensées et leurs sentiments verront leurs enfants faire de même.)
2. *Encouragez la franchise.* (Les parents qui prennent le temps d'écouter attentivement auront des enfants qui aiment à se faire connaître.)
3. *Assurez-vous que parler franchement soit sans danger.* (Les parents qui prennent soin d'éviter la critique, le ridicule ou le sarcasme en réaction

aux déclarations de l'enfant constateront que ce dernier ne craindra pas de s'exprimer ouvertement.)

Naturellement les enfants ont besoin de directives concernant la manière de s'exprimer franchement. Ils doivent éviter de dominer la conversation (monopoliser toute l'attention), ou de dire des choses blessantes (employer les mots dans l'intention délibérée de faire mal).

Déconseiller le silence

S'ils souhaitent dissuader *l'enfant timide* de se taire, les parents ne peuvent tout de même pas le contraindre à communiquer. Ils peuvent néanmoins *tenir l'enfant responsable de son refus à se faire connaître*, en expliquant les conséquences qu'entraîne son silence.

— « Si tu n'*exprimes* pas tes émotions, je ne peux pas savoir ce qui se passe en toi, et il est donc possible que j'agisse sans tenir compte de ce que tu ressens. »

— « Si tu n'*expliques* pas ton point de vue, je ne peux pas savoir ce que tu penses, et je peux donc présumer que tu n'as pas d'opinion précise. »

— « Si tu ne *demandes* pas, j'ignorerai ce que tu veux comprendre, et je ne pourrai donc pas te donner l'information dont tu as besoin. »

— « Si tu ne m'*affrontes* pas lorsque tu considères que je te traite mal, je ne peux pas savoir que mes actions te blessent, et je ne changerai donc pas ce que tu voudrais que je corrige. »

— « Si tu n'exprimes pas ton *désaccord*, je ne peux pas savoir que nous sommes en conflit, et je ne peux donc résoudre la question que tu souhaiterais voir résolue. »

L'enfant timide est un enfant qui, par son silence, sacrifie son estime de soi car il évite de se définir socialement. Les pairs liront parfois dans cette incommunicabilité un refus arrogant de parler afin de marquer sa supériorité. Voilà l'une des méprises fréquentes que subissent les enfants timides.

Malgré tout, s'ils en avaient le choix, certains parents préféreraient un enfant soumis à un enfant trop franc. *Cependant, la franchise et la définition sociale qui en découle, alimentent bien davantage l'estime de soi chez les enfants que le silence.*

Un parent pourrait dire à un enfant soumis sur le plan social : « Il n'y a rien de mal à être timide, mais agir avec timidité ne fera qu'augmenter ce sentiment. » Par ailleurs, les parents doivent également apprécier et faire l'éloge de cette qualité corollaire au silence que possèdent nombre d'enfants timides : ils savent souvent *écouter* très attentivement.

CHAPITRE 8

LA COURTOISIE
De petits gestes qui comptent beaucoup

À la fin de la journée, une institutrice de l'école primaire prend un moment pour demander aux élèves de parler des petits affronts qu'elle-même ou que d'autres pouvaient avoir commis au cours de la journée. Ces offenses étaient trop insignifiantes sur le coup pour en parler, mais cependant s'avéraient trop douloureuses pour être ignorées ou oubliées. Voici un échantillon des réponses à sa question :

— « Vous ne m'avez pas désigné, et j'avais quelque chose à dire. »

— « J'ai donné un crayon à une amie, et elle ne m'a même pas remercié. »

— « Personne n'a remarqué les dessins que j'avais faits aujourd'hui. »

— « Il m'a devancé dans le rang sans me le demander. »

— « On a ri de moi alors que j'étais sérieux. »

— « Personne ne m'a gardé une place à table à l'heure du déjeuner. »

— « Hier, mon copain m'a emprunté cinquante cents, et ne me les a pas rendus aujourd'hui. »

— « Lorsque je me mettais à parler, les autres m'interrompaient. »

— « J'ai exposé mes idées, mais personne n'écoutait. »

— « À la récréation, personne ne m'a lancé la balle. »

Petit geste deviendra grand

Où voulait en venir l'institutrice en discutant de ces petits incidents? À *l'impolitesse : ces petits gestes quotidiens teintés d'insensibilité qui ont pourtant un grand impact. Ils signifient pour l'autre un manque d'affection, de considération et de respect à son égard.* Cette institutrice souhaitait que les enfants apprécient la valeur de la *courtoisie* dans leurs rapports mutuels.

La courtoisie, c'est une foule de petits gestes de considération qui veulent dire beaucoup. Ainsi, le fait d'être écouté démontre que l'on a quelque chose de *valable* à dire. *L'écoute attentive marque l'intérêt.* Hériter d'un compliment sur une œuvre, par exemple, témoigne que ce que l'on a accompli est *valable. Les compliments signalent l'approbation.* Obtenir des remerciements pour un service rendu signifie que l'on est *digne* de recevoir de la gratitude. *Les remerciements témoignent de l'appréciation.*

En ce sens, le fait de ne pas être écouté ressemble à de la *négligence*. Ne pas recevoir de compliment peut être interprété comme du *rejet*. Le fait de ne pas être remercié signifie que l'on est *pris pour acquis*. Voilà ce dont parlait l'institutrice, de ces petits gestes de considération, que tous les élèves reconnaissent, doués d'une portée considérable. Quand ils en bénéficient, cette considération permet aux gens de bien se sentir dans leur peau ; lorsqu'elle est absente, ils auront une mauvaise opinion d'eux-mêmes. C'est pourquoi *un traitement courtois exerce un impact décisif sur l'estime de soi*. Et plus important encore, chacun peut *choisir* de traiter autrui avec courtoisie.

La valeur de la courtoisie à la maison

Ce qui est valable pour l'école l'est encore davantage à la maison. Les petites courtoisies que les membres d'une même famille ont à l'égard les uns des autres contribuent immensément à la qualité de leur vie familiale. Il est certainement important pour le bien-être de tous de gérer adroitement les conflits, les changements, les crises. Ces difficultés ne sont pourtant qu'occasionnelles, alors que les petites décisions sur la façon de se traiter mutuellement exercent un impact continu sur l'estime de soi de chacun.

Si les parents les respectent dans les petites choses, les enfants auront une bonne opinion d'eux-mêmes et ils seront enclins à s'accorder de la valeur, parce qu'ils sentiront qu'ils *valent* la peine qu'on les traite bien. *La manière dont les enfants sont traités contribue beaucoup à l'attitude qu'ils entretiennent envers eux-mêmes et à l'égard des autres.*

De grandes choses ne suffisent pas

Les parents qui croient qu'il suffit d'offrir de grandes choses à leurs enfants commettent une erreur. En dehors de leur rôle de tuteurs, ils ne se préoccupent que d'eux-mêmes, ou alors ils se montrent impatients et exigeants dans ce même rôle. Ils oublient ainsi de faire preuve de considération au quotidien, car ils réservent de telles expressions de délicatesse aux occasions spéciales. Sans le vouloir, ils émettent un message potentiellement préjudiciable : à moins que l'occasion ne soit suffisamment spéciale, l'enfant n'est pas habituellement digne d'être bien traité. « Pourquoi ne peux-tu pas être aussi gentil avec moi les jours où ce n'est pas mon anniversaire ? »

Imaginons ce scénario : à l'heure du souper, un parent épuisé, las d'avoir eu à supporter ses collègues geignards toute la journée, reproche aux enfants leurs manières à table, et les réprimande parce qu'ils chuchotent au lieu de s'exprimer clairement. Le téléphone sonne. Le parent répond et son attitude se transforme. Il devient chaleureux, amical, de bonne humeur et disposé à aider. « C'était qui ? » demande l'enfant après que le parent a raccroché. « Je n'en sais rien, vocifère le parent. Un nouveau au travail. Finis ton assiette et cesse de lambiner ! » Mais voilà que l'enfant pose une autre question, plus révélatrice : « Pourquoi es-tu plus gentil avec un étranger qu'avec nous ? Qui compte le plus ? »

Les parents prennent parfois l'habitude de traiter les personnes de l'extérieur, notamment les collègues de travail, avec plus de courtoisie qu'ils n'en témoignent à leurs enfants. Pourtant, les rapports de travail ne sont que contractuels (des services vendus contre de l'argent) alors que les rapports familiaux reposent sur l'amour. Il faut espérer que le parent à qui est adressée une telle question y réfléchisse sérieusement.

Le modèle et l'éducation : la courtoisie mutuelle

Les parents qui souhaitent être traités avec considération par leur enfant doivent *donner l'exemple*. Ainsi, après avoir harcelé sans relâche l'adolescent de treize ans pour qu'il fasse le ménage de sa chambre, le voilà qui s'exécute. Malgré l'envie de grommeler sur le délai «Eh bien, il était temps!», le parent adopte plutôt une attitude courtoise. «Merci d'avoir nettoyé. Ta chambre a l'air propre maintenant.» L'appréciation et un compliment de la part d'un parent fatigué, dont l'insistance a finalement eu raison de la résistance de l'adolescent, inciteront davantage l'enfant à faire ce qu'on lui demande.

Les parents qui souhaitent être traités avec considération par leur enfant doivent également *lui enseigner* les courtoisies usuelles, celles qui leur importent. Ainsi, lorsqu'un enfant leur emprunte impoliment un objet sans leur permission, ils laisseront savoir à l'enfant que prendre quelque chose sans le demander est une forme de manque de respect. À l'avenir, ils attendront la courtoisie d'une requête, et l'enfant s'y pliera.

S'ils offrent pour modèle la courtoisie et s'ils l'enseignent au sein de la famille, les parents démontreront clairement à l'enfant que, dans la manière de se traiter mutuellement au quotidien, les petites choses ont une grande portée sur l'estime de soi de chacun.

CHAPITRE 9

LE CONFLIT
Le combat pour préserver son estime de soi

Le conflit ne signale pas forcément que quelque chose ne va pas dans une relation personnelle. Il n'y a *pas* nécessairement problème. Il s'agit d'un processus fonctionnel qui permet aux gens d'identifier, d'aborder et de résoudre les inévitables divergences entre eux. Au sein de la famille, les conflits sont inhérents à la dynamique du quotidien. Ils prennent la forme de questions, dont les réponses seront sans cesse contestées.

— Les parents peuvent être en désaccord sur la question de la *coopération*. Qui tient quel rôle ? Comment partager les responsabilités quant à la supervision ?

— Les parents peuvent être en désaccord avec les enfants sur la question du *contrôle*. Qui décide des règles ? Qui a la meilleure manière de faire ?

— Les enfants peuvent diverger sur la question de la *compétition*. Qui passe en premier ? Qui obtient le plus ?

— Les enfants peuvent être en désaccord avec les parents sur la question de la *conformité*. Qui doit adopter le style de vie de qui ? Jusqu'à quel point doit-on se conformer à la famille ?

Tant qu'il y aura des divergences entre humains, et il y en aura toujours, il y aura conflit entre membres d'une même famille. Par conséquent, les parents doivent déterminer *comment* gérer ces conflits, puisqu'ils sont pratiquement inévitables. En fait, l'approche saine consiste à éviter de meurtrir l'estime de soi de l'autre.

Comment l'approche du conflit peut nuire à l'estime de soi

Le conflit perturbe sérieusement les émotions, car il provoque la *contrariété* face à l'opposition, la *colère* face à la contrariété, voire la *crainte* de se mettre en colère. Si ces émotions dictent les paroles et les actes lors d'un conflit, une impulsion momentanée risque de pousser l'un des antagonistes à sérieusement blesser l'estime de soi d'autrui. *Lors de conflits familiaux, si l'on donne libre cours à l'émotion, l'impulsion régira tout en entraînant des conséquences dévastatrices.*

Chaque fois que quelqu'un attaque verbalement ou physiquement un membre de sa famille dans le but de l'emporter à tout prix ou de blesser l'autre, les bases de la confiance s'effondrent : *cette confiance en la sécurité que garantit l'amour.* Tant que les membres d'une famille agissent par amour l'un envers l'autre, l'affection qu'ils éprouvent leur évite de se faire mutuellement du tort. Cependant, lors du conflit, les gens se dissocient de cette affection sous l'effet des bouleversements émotifs et peuvent se comporter de manière destructrice.

Pour les gens en général et notamment pour les enfants, l'amour de ceux à qui ils accordent la plus grande valeur (leurs parents) constitue une source vitale d'estime de soi : « Je me sens bien dans ma peau parce que mes parents m'aiment. ». Perdre momentanément cette certitude, parce que les parents font preuve d'insensibilité lors d'un conflit, peut causer un choc considérable : « Je suis anéanti parce que tu m'as frappé, et puis tu m'as dit que tu aurais voulu ne jamais m'avoir. »

Ce type d'injures atteint les deux sources d'estime de soi de l'enfant. La définition de soi sera endommagée : « J'ai perdu l'amour de mes parents. » L'évaluation de soi sera endommagée : « Je ne suis plus digne de l'amour de mes parents. » Une fois calmé, le parent prendra conscience des torts que ses paroles et ses gestes emportés auront causés. Il s'excusera et tentera de réparer ce qu'il a fait. Mais, une fois prononcées, les paroles ne peuvent être effacées, pas plus que la gifle cuisante ne peut être reprise.

Entre parents et enfants :
— les différences sont inévitables ;
— le conflit est inéluctable ;
— mais la violence ne l'est pas.

L'approche du conflit est une question de choix, et c'est pourquoi elle est contrôlable. Il revient aux parents de donner l'exemple, d'éduquer et d'appliquer les règles pour régler le conflit de manière à respecter l'estime de soi de chacun. Pour ce faire, ils se souviendront que le conflit ne découle pas d'un problème *avec* l'enfant : il s'agit d'une situation qu'ils règlent délibérément *avec* son concours. Le conflit est intentionnel, pas accidentel. Et il fait appel à la coopération : il faut deux personnes pour susciter un conflit, mais il suffit d'une seule d'entre elles pour y mettre fin. « Imaginez qu'il y ait la guerre, et qu'aucun des antagonistes ne se présente, ou qu'un seul se manifeste ? » Les membres d'une famille sont responsables des décisions quant à la création et à la gestion du conflit.

Puisque, la plupart du temps, la violence familiale n'est pas de nature physique, contrôler la violence physique ne constitue pas l'essentiel du problème. Songez à l'énigme : « Dans le conflit, qu'ont en commun les humains et la plupart des animaux ? Ils se battent tous avec leur bouche. » Le vieil adage voulant que « Les pierres, les bâtons peuvent m'anéantir, mais les mots ne m'atteignent pas » est faux. Dans les conflits humains, les paroles virulentes sont l'arme par excellence ; elles causent un maximum de dommages lors de disputes familiales. L'ardeur des émotions allant croissant, on est davantage enclin à choisir des mots blessants pour défendre sa position ou attaquer celle de l'autre. Des règles familiales sont donc indispensables afin que le conflit n'outrepasse pas les limites du respect.

Règles du conflit qui protègent l'estime de soi

1. *Que les priorités restent claires.* Parce que le conflit perturbe émotionnellement, *la première priorité exige des deux antagonistes qu'ils surveillent l'intensité de leurs émotions.* Les adversaires doivent voir à ce que la raison, et non l'impulsion, régisse l'altercation. Le processus est toujours plus important que le résultat parce que l'enjeu est de protéger le lien d'affection. Le fait de remporter une dispute en blessant un proche revient en fin de compte à s'autodétruire parce que la confiance dans le lien familial est ébranlée, du moins pour la partie lésée.
2. *La sécurité avant tout.* Le conflit ne doit jamais être employé comme prétexte pour causer quelque tort que ce soit à un autre membre de la famille. Le conflit familial ne doit servir qu'à clarifier les divergences et à résoudre les désaccords de façon à ce que personne n'en souffre.
3. *Accord de transgression.* Si lors d'un conflit, l'un des opposants se sent menacé ou blessé par les paroles ou les actes de l'autre, il faut laisser de côté la discussion et donner priorité à ce manquement à la sécurité, en discuter, le rectifier, et par la suite, reprendre le débat initial.
4. *Retrait et retour.* Si, conscient de son agitation, l'un ou l'autre des antagonistes craint d'être sur le point de perdre le contrôle, et de faire ou de dire quelque chose de regrettable, il a le *droit* de se retirer afin de se calmer. Ce droit s'assortit de la *responsabilité* de s'entendre mutuellement sur un rendez-vous ultérieur pour régler le conflit une fois le calme revenu.

5. *Loyauté*. La frustration et la colère liées à la dispute se font temporairement ennemies des sentiments aimants. Il est nécessaire de rassurer explicitement l'autre en lui signifiant que nul désaccord ne modifiera l'engagement face au lien affectif, ni ne provoquera sa rupture.
6. *Parler franchement et se taire*. Peu importe le degré d'intimité entre les opposants, ils ne peuvent deviner les sentiments, les pensées ou les désirs de l'autre. Chacun est responsable du fait de parler franchement et de faire connaître son expérience, ses désirs, ses opinions. De plus, chacun a la responsabilité de *se taire* et d'écouter lorsque l'autre parle, et de s'efforcer de comprendre son point de vue, sans que des idées préconçues ne viennent entraver la communication.
7. *Les insultes sont interdites*. Exaspérés, les gens en conflit deviennent souvent plus abstraits dans leur langage, et font appel à l'invective. « Tu n'es pas *raisonnable* ! »
« Et toi, tu es incapable de *respect* ! » Plutôt que de se lancer de telles insultes, mieux vaut s'en tenir aux détails du litige : qu'est-ce que souhaite, spécifiquement, chaque opposant ? L'injure ne résout jamais le conflit, elle l'enflamme.
8. *Il n'est pas permis de rire*. L'enfant qui défie ses parents au sujet d'une divergence met en péril son estime de soi, car il s'oppose à de puissants adultes. Par conséquent, les parents doivent juger sérieux le conflit avec l'enfant, et éviter de sourire ou de rire sans le vouloir, ou par nervosité. Auquel cas, l'enfant risquerait de se sentir dévalorisé et rabaissé, il en serait humilié et vexé.
9. *Il est interdit de tout confondre*. Le conflit peut donner lieu à l'imitation : les antagonistes sont tentés d'emprunter les stratégies clefs de l'autre pour s'en servir contre lui ; c'est pourquoi chacun doit donner l'exemple des comportements constructifs auxquels il souhaite avoir lui-même droit. Ni l'un ni l'autre des opposants ne devrait imiter un comportement destructeur, simplement parce que l'autre l'a adopté. Il faut plutôt

traiter cette attitude directement ou comme une brèche dans l'accord de transgression.

10. *Il est interdit de reporter à plus tard.* Si l'un des antagonistes introduit dans la discussion un grief non résolu provenant d'un conflit antérieur («Je suis encore fâché de notre dernière dispute»), ou qu'il exprime son angoisse («Je crains notre prochaine bagarre»), il faut alors en discuter avant que ceux-ci n'enveniment un litige ultérieur.

11. *Viser l'intimité.* Abordez le conflit comme une occasion de mieux connaître l'autre, de vous faire mieux connaître, et d'atténuer les divergences dans le rapport. Considérez ces divergences non pas comme des barrières qui divisent les gens, mais comme des passerelles menant à une meilleure compréhension et à une entente qui rapprochera les deux parties impliquées.

CHAPITRE 10

LE CHÂTIMENT
Les choix et leurs conséquences

Le châtiment infligé par les parents suite à un méfait peut porter un dur coup à l'estime de soi de l'enfant, car il faut supporter la désapprobation de ceux à qui le petit garçon ou la petite fille souhaite plaire le plus. Néanmoins, comme pour le conflit, la discipline est incontournable. Parce que les erreurs, les mésaventures, les méfaits participent tous à cet apprentissage qu'est la croissance.

Pour orienter ou rediriger la croissance d'un enfant, les parents devront affirmer leur *autorité* (adopter une position ferme sur ce qui doit se produire) ou administrer divers types de *sanctions* (employer des techniques de gestion afin d'influencer le comportement). L'enfant est susceptible de détester l'un et l'autre.

Les parents *affirment leur autorité* en :
— fixant des limites : « Tu ne peux pas faire ça. »
— formulant des exigences : « Tu dois faire ça. »
— posant des questions : « Où étais-tu ? »
— suscitant la discussion : « Dis-nous ce qui s'est passé ? »
— adoptant des positions claires : « Ça, c'est bien, et ceci, c'est mal. »

Les parents *rectifieront un comportement* en exerçant leur influence de quatre manières. Si l'enfant répond bien aux explications ou aux instructions verbales, alors les deux premières stratégies suffiront la plupart du temps. Si les actions sont plus fortes que les mots, alors on fera appel aux troisième et quatrième stratégies.

1. *Les conseils* font appel au pouvoir de persuasion. Ici, les parents expliquent pourquoi le comportement de l'enfant est inadmissible, et en quoi il doit changer. *Les parents compétents sont des communicateurs implacables (ils font toujours savoir aux enfants ce qu'ils pensent).*
2. *La supervision* fait appel à l'insistance. Ici, les parents répètent encore et encore ce qu'ils veulent obtenir jusqu'à ce qu'ils aient raison de la résistance de l'enfant et que ce dernier finisse par se soumettre. *Les parents efficaces sont des harceleurs persistants (le harcèlement prend dès lors l'allure d'une tâche honorable, il démontre que les parents ne renonceront pas si une question doit être résolue).*
3. *La structure* fait appel à l'application des règles : les transgressions seront sanctionnées. Ici, les parents fixent les limites du comportement admissible, et lorsque l'enfant excède ces limites, des conséquences s'ensuivent (privation de liberté ou augmentation des tâches). Ainsi, le contrevenant devra réfléchir avant de faire le même piètre choix la prochaine fois. *Les parents efficaces s'assurent que le châtiment est constructif (que les conséquences soient en rapport avec l'offense).*
4. *Travailler sur les monnaies d'échange* exploite le fait que l'enfant dépende de ses parents. Ici, les parents retirent ou suspendent ce que l'enfant veut jusqu'à ce qu'ils obtiennent ce qu'ils ont demandé. *Les parents efficaces insistent pour obtenir un échange équitable (pour qu'ainsi l'enfant apprenne à contribuer par ses efforts et à coopérer avec eux tout comme ils le font pour lui).*

Ces gestes ingrats du rôle punitif que doivent jouer les parents trouvent une traduction péjorative : « prêcher », « m'embêter », « abus de pouvoir » et « chantage », dans le langage des enfants qui, habituellement, n'apprécient pas spontanément ces contributions à leur bien-être. Le rôle de parent n'est toutefois pas un concours de popularité, et c'est *pourquoi il faut parfois prendre à cœur l'intérêt de l'enfant à l'encontre de ce qu'il ou elle peut souhaiter. Voilà ce qui fait un père ou une mère responsable.*

La patience et la persistance s'avèrent toutes deux indispensables. *La plupart des enfants* (et des adultes) *sont incapables d'apprendre dès la première tentative* à changer leur comportement. C'est pourquoi il faut plus d'une correction pour modifier une conduite inappropriée ou indisciplinée. Inutile de s'affoler donc, les parents doivent simplement admettre le fait comme réalité. « Pourquoi ne t'en souviens-tu pas dès la première fois ? » demandent-ils à l'enfant, contrariés. Parce que le plus souvent, une fois ne suffit pas.

Corriger est une critique suffisante

Le fait d'être puni par les parents indique que l'enfant, sciemment ou à son insu, a un comportement répréhensible. *Sanctionner inclut donc la critique.* Les parents n'apprécient pas la manière dont l'enfant choisit d'agir (par exemple, accomplir une tâche à moitié, ne pas se conformer à un accord, transgresser une règle), et ils souhaitent que ce comportement cesse ou s'améliore.

Sanctionner communique l'opposition : « Nous n'acceptons pas ta conduite et nous souhaitons que tu changes. » Il faut espérer que l'enfant comprenne que ce refus ne vise que son comportement, pas sa personne. Simultanément au châtiment, ils offriront cette assurance, afin que l'enfant n'oublie pas cette distinction : « Ce n'est pas parce que nous n'aimons pas ta conduite que nous avons cessé d'apprécier et d'aimer qui tu es. »

Les parents doivent se souvenir que toute manifestation de leur désapprobation, la sanction en étant un exemple fréquent, menace la composante évaluative de l'estime de soi de l'enfant. Cette composante repose partiellement sur le fait de préserver une bonne réputation auprès des parents. Ainsi, *ajouter une critique personnelle à la correction ne fait que redoubler le péril pour l'estime de soi.*

Par exemple, en proie à l'exaspération, certains parents se livrent à des déclarations extrêmement dommageables pour l'estime de soi de l'enfant : «Tu m'as terriblement déçu !», «Je ne te pardonnerai jamais !», «Tu devrais avoir honte de toi !»

Chacune de ces accusations générales implique une irréparable perte de crédit aux yeux des parents. Cette perte a pour effet de diminuer considérablement l'estime de soi de l'enfant. «Mes parents ont perdu tout respect pour moi. Je me méprise pour ce que j'ai fait !» *La plupart des critiques parentales ne sont pas des réprimandes constructives, car le fait de démolir l'opinion de l'enfant à son sujet ne l'incite pas à s'améliorer* («Et nous te critiquerons jusqu'à ce que ton attitude s'améliore !»). Une objection spécifique agit normalement mieux qu'une condamnation générale : «Nous ne sommes pas d'accord avec ta décision, et voilà pourquoi... Et afin de te rappeler de choisir autrement la prochaine fois, il y aura une conséquence qui te permettra de t'acquitter de cette infraction.»

Les pierres angulaires de la coopération

Les parents ont tendance à corriger lorsqu'ils n'obtiennent pas de leur enfant la collaboration qu'ils espèrent. Ainsi, vers l'âge de trois ans, les parents pourront commencer à poser les pierres angulaires de la coopération. *Écouter et épauler* : «Qu'est-ce que je viens de dire ?» *Anticiper et prédire* : «Qu'est-ce qui va se passer si tu choisis cette voie ?» *S'entendre et s'engager* : «Quelle promesse m'avais-tu faite ?» *L'aide et les tâches* : «Qu'est-

ce que tu dois faire pour moi avant que je fasse quelque chose pour toi ? »
Plus les parents supervisent étroitement la coopération, moins ils auront à recourir au châtiment.

Le châtiment constructif

« Ne fais pas ça ! », « Cesse immédiatement ! », « Ce n'est pas une manière d'agir ! » Les parents font appel à ces trois réprimandes typiques lorsque, contrariés, ils tentent de faire cesser un comportement répréhensible, voire dangereux. Néanmoins, ces injonctions ne sont, dans le meilleur des cas, qu'à moitié efficaces. Leur ton pressant communique assurément le désaccord, mais le petit garçon ou la petite fille ne comprendra que nébuleusement qu'il ou elle fait quelque chose de « mal ».

Une sommation négative ne possède que peu de pouvoir éducatif. Il sera beaucoup plus efficace de faire suivre l'ordre de cesser ou de se désister :

— d'une explication (« Voilà pourquoi je t'ai demandé de cesser. »)

— d'une option positive (« Plutôt que de faire comme ça, je te propose de faire comme ceci. »)

— d'un conseil spécifique (« Voilà comment on fait pour que ce soit moins dangereux. »)

— d'une réaction gratifiante (« Bravo ! Tu as bien réussi ! »)

La sanction neutralisante

Décrire la sanction comme un processus dans lequel parents et enfants partagent une égale responsabilité permet d'atténuer son impact critique. Les parents peuvent tout d'abord expliquer qu'ils n'aiment pas jouer les bourreaux. Ils sont contraints d'exprimer leur désaccord sur les actions de l'enfant, et si les conséquences s'appliquent, d'imposer une pression sur leur rapport. Ils ne font pas cette chose négative à l'enfant, mais *pour l'enfant* ; non pas pour lui faire du tort, mais pour *l'aider*; non pas pour jouir de leur pouvoir sur l'enfant, mais *au risque d'être impopulaire auprès de lui*, en appuyant les bonnes actions et en s'opposant aux mauvaises. Et ils assument la responsabilité de cette évaluation.

Ils pourront expliquer comment la punition est en réalité une responsabilité partagée :

1. « *Nous* avons pour responsabilité de décider des règles que tu dois suivre tant que tu vivras avec nous. »
2. « *Tu* es responsable de suivre ces règles, ou d'en déroger. »
3. « *Nous* décidons des conséquences lorsque ces règles sont respectées, ou qu'elles sont transgressées. »
4. « *Tu* décides de mériter des conséquences positives et d'éviter les conséquences négatives, en obéissant aux règles, ce qui te permettra d'échapper aux sanctions. »

Pour l'enfant, le fait de se sentir en contrôle des conséquences encourues offre un apport puissant à son estime de soi : « Je peux choisir d'obtenir ce que je veux. »

Suite à une réprimande, et une fois que l'enfant s'est plié aux conséquences, les parents doivent s'assurer de *rétablir* sa position dans leur rapport : « Nous apprécions la manière dont tu as affronté les conséquences et désormais, nous ne discuterons plus de ce problème. Tu as payé pour ce qui est dorénavant du passé. Nous voulons que tu saches que nous t'estimons tout autant, que nous avons tout autant confiance en toi, et que, bien sûr, nous t'aimons tout autant. » Prenez note de la *courtoisie* (l'avis positif) dont font montre les parents. Ils *remercient* l'enfant d'avoir collaboré avec eux et d'avoir payé cette infraction, et ils reconnaissent qu'il a coopéré et réparé. Réussir à réparer une infraction peut rehausser l'estime de soi : « J'ai fait ce qu'il fallait pour réparer ma faute. »

La conséquence la plus puissante de toutes

Comme l'a démontré l'expérience pratique des entraîneurs d'animaux de cirque, la méthode la plus puissante pour modeler le comportement d'une bête dans le sens voulu consiste à récompenser les comportements positifs, et *pas* simplement à appliquer des conséquences punitives suite à une faute. Cette approche fonctionne également en ce qui a trait à l'éducation des enfants. Le sourire d'un parent suite à une bonne action peut exercer une influence beaucoup plus formatrice qu'une gifle sanctionnant une mauvaise conduite. Pourquoi?

Parce que les êtres humains sont des créatures en quête de gratification. L'essentiel de leurs activités est motivé par le désir d'obtenir ce qu'ils veulent. *Les corrections enseignent, par la douleur, ce que les gens ne doivent pas faire. Les récompenses enseignent aux gens ce qu'ils doivent faire en les poussant à apprendre. Les gratifications consolident l'estime de soi* (avoir une bonne opinion de soi-même), alors que les châtiments diminuent l'estime de soi (se sentir mal dans sa peau). S'il n'en tenait qu'à eux, la plupart des enfants préféreraient un traitement qui améliore l'opinion qu'ils ont d'eux-mêmes, plutôt que celui qui s'y oppose.

Pour les parents, le mot d'ordre sera donc :
— Éviter de s'en remettre au châtiment comme source première de discipline.
— Éviter de se concentrer entièrement sur les problèmes pour ignorer ce qui va bien.
— Éviter de tenir pour acquis le positif, mais le souligner et le récompenser spécifiquement.

N'oubliez pas l'exemple des entraîneurs d'animaux, qui sans cesse façonnent le comportement en récompensant les choix qu'ils souhaitent que la bête fasse. Il n'est pas nécessaire que les récompenses parentales soient de nature matérielle. De fait, *les récompenses de type relationnel auront la plus grande portée.* Parce que la plupart des enfants cherchent à « briller » aux yeux de leurs parents, tous les gestes témoignant de leur acceptation, de leur affection, de leur approbation, de leur attention et de leur appréciation, ainsi que leurs éloges, conforteront le comportement positif et renforceront l'estime de soi de l'enfant.

ALIMENTER L'ESTIME DE SOI AU COURS DE L'ENFANCE

CHAPITRE 11

AIDER
Prêter main-forte consolide l'estime de soi

En quoi l'enfant diffère-t-il de l'adolescent ? Entre autres par sa volonté de prêter main-forte à la maison lorsqu'on le lui demande. Le bambin de quatre ans est heureux de seconder ses parents, car c'est pour lui une occasion d'agir comme les grands. « Est-ce que je peux aider ? » implore le petit enfant, anxieux d'offrir sa contribution. L'adolescent de quatorze ans, en revanche, est plus enclin à rejeter l'invitation, à l'aborder comme un empiétement sur son temps. « Est-ce que je peux le faire plus tard ? » gémit l'adolescent.

Cet exemple comporte une leçon. Si les parents souhaitent avoir un adolescent coopératif, mieux vaut en poser les fondations longtemps avant que s'installe *cette réticence* à prêter main-forte propre à l'adolescence (de 9 à 13 ans). *Habituez l'enfant tôt à donner un coup de main à la maison, pour vous assurer de sa collaboration plus tard.* À l'âge de trois ans, un enfant peut commencer à rendre de petits services : ramasser, replacer et contribuer au ménage à la maison.

Parce que l'aide à la maison contribue à l'épanouissement de l'estime de soi chez l'enfant, les parents doivent comprendre précisément comment opère ce rapport.

Les contributions comme actes de pouvoir

Il faut considérer que ce geste humain courant, apporter son concours, n'est pas tant un service rendu ou un appui offert qu'un *pouvoir* à exercer. Voilà la clef qui éclaire les subtilités de la contribution. Envisageons l'aide ainsi : les gens ne demandent ou n'acceptent de l'aide *seulement* s'ils considèrent que celui qu'ils sollicitent a le pouvoir d'effectuer ce qu'ils ne peuvent ou ne veulent pas faire par eux-mêmes. Ou encore, ils estiment que celui qui contribue peut du moins participer à ce qu'ils tentent d'accomplir.

Si l'enfant demande « Est-ce que je peux vous aider ? », non seulement s'offre-t-il pour tenir compagnie à l'adulte, mais encore, il cherche une occasion d'exercer son pouvoir d'aider. Pourquoi ? Parce qu'accepter l'offre d'aide implique que l'on reconnaît que la personne a quelque chose de valeur à partager. *Aider accroît l'estime de soi car ce geste permet à une personne d'exercer son pouvoir d'être utile :* « *Lorsque je peux épauler les autres, je me sens bien dans ma peau. Parce que j'ai quelque chose de précieux à offrir.* »

Les bénéfices de la contribution

D'innombrables exemples illustrent comment l'apport d'aide construit l'estime de soi de l'enfant : l'enfant plus âgé a quelque chose qui *vaut* d'être enseigné à un plus jeune. La taille du tout-petit s'avère *précieuse* quand il s'agit de se glisser dans un espace étroit pour récupérer un objet hors de la portée du parent. Les paroles apaisantes d'un enfant à son grand frère qui se sent déprimé ou seul après une dure journée à l'école *valent* beaucoup. La contribution d'un adolescent en mission avec sa paroisse *sert* à construire des abris pour les gens dans le besoin. Que dire de l'adolescent boudeur qui collabore à contrecœur à la peinture de la maison, mais qui après coup se sent *fier* de sa participation.

Les parents devraient toujours, dans la mesure du possible, accueillir l'offre de coup de main de l'enfant. Ce n'est pas toujours facile, surtout si un renfort maladroit ne s'avère ni efficace ni pratique. Et par ailleurs, les parents sont peut-être pressés, soucieux de la qualité du travail, ou souhaitent tout simplement, par plaisir, effectuer le boulot eux-mêmes. Mais l'enfant n'est pas conscient des sacrifices que les parents doivent faire. « Est-ce que je peux étendre le glaçage sur le gâteau ? Je ne l'ai jamais fait. » Les parents sont tentés de répondre : « Tu vas me causer plus de travail ; tu ne sais pas faire ; tu vas tout gâcher. » *En refusant l'offre d'aide de l'enfant, les parents laissent échapper une occasion d'accroître son estime de soi. Par la suite, ils auront peut-être des difficultés à obtenir de l'aide de la part de leur adolescent.*

La valeur sociale et l'estime de soi

Les parents qui ne laissent pas l'enfant participer ou qui ne le lui demandent pas (qui, d'une manière ou d'une autre, insistent pour tout faire eux-mêmes) l'empêchent d'exercer son pouvoir d'aider et d'affirmer sa valeur personnelle. Dans les cas extrêmes, *l'enfant qui aura eu l'occasion d'aider beaucoup* grandira avec le sentiment d'être « bon à quelque chose », alors qu'*un enfant à qui on n'a jamais permis d'aider* grandira avec le sentiment de n'être « bon à rien ».

Arrêtons-nous à cette expression. Avez-vous déjà entendu un jeune se faire traiter de « *bon à rien* » ? Avez-vous songé à l'effet dévastateur d'un tel qualificatif ? Quel degré d'estime de soi peut bien avoir un enfant que l'on juge, et qui donc se considère « bon à rien » ? La réponse : *très peu*. Afin d'augmenter l'estime de soi par l'aide, demandez à votre enfant de prêter main-forte à la maison, de faire du bénévolat dans votre quartier ou de donner des cours de soutien à son école. Le fait de se sentir « *bon à quelque chose* » profite à l'estime de soi.

S'aider soi-même et l'estime de soi

Aider les autres procure une assurance, un sentiment de puissance, mais l'on en retirera tout autant en s'aidant soi-même. *Il en résulte une estime de soi issue de l'autosuffisance.* L'indépendance et l'autosuffisance dépendent de la capacité de s'aider soi-même. Dans une certaine mesure, toute aide parentale peut donc empêcher l'enfant d'apprendre à s'aider soi-même. L'aide parentale perpétue parfois la dépendance de l'enfant, au détriment de son autonomie.

Il va sans dire que si l'enfant a des ennuis ou un problème, les parents ont naturellement envie de le secourir. Si toutefois se précipiter à sa rescousse court-circuite l'impulsion de s'aider chez l'enfant, que devraient-ils faire ? Chaque fois qu'ils souhaitent aider, ils doivent songer que l'autonomie procurera à l'enfant une meilleure estime de soi. Ils appliqueront ce principe par *l'enseignement*, en passant des *ententes*, ou *en refusant*, tout simplement.

— *Enseigner*. Si l'enfant ne sait pas comment effectuer ce qu'il doit accomplir, les parents peuvent collaborer par quelques instructions de sorte que l'enfant sera par la suite capable de s'aider lui-même.

— *Passer une entente*. Si l'enfant souhaite prêter main-forte pour régler un problème, les parents choisiront de ne pas trop aider. Ils diront à l'enfant : « Nous allons te donner l'aide dont tu as besoin, mais tu feras le reste par toi-même. »

— *Refuser*. Si l'enfant demande de l'aide pour se tirer d'une impasse où il s'est lui même placé, et même plus d'une fois, les parents offriront l'aide la plus brutale d'entre toutes : le refus d'aider. « Nous croyons que tu avais ce qu'il fallait pour te mettre dans cette fâcheuse posture, et nous croyons que tu as ce qu'il faut pour t'en tirer. »

CHAPITRE 12

L'ARGENT
L'ESTIME DE SOI EST-ELLE MONNAYABLE ?

Dans une société matérialiste comme la nôtre, la publicité, les médias et les lois du marché conspirent tous pour instiller chez les jeunes un désir insatiable de biens et d'expériences de vie qui vont bien au-delà des besoins fondamentaux. Le pouvoir d'achat d'un enfant devient dès lors une sorte de pouvoir social. Pourquoi ? Parce que les montants d'argent dépensés pour l'enfant, et les sommes que l'enfant dépensera, influeront sur sa définition de soi, sur son évaluation de soi, sur ses rapports avec ses pairs et sur les possibilités qui s'offrent à lui.

Se conformer, appartenir et ne pas être en reste par rapport à son groupe d'amis prennent davantage d'importance, notamment à l'adolescence. L'argent importera beaucoup car il déterminera ce qu'on pourra se permettre de *voir* (divertissements), *de faire* (récréation) et de *se procurer* (biens). Ainsi, avoir ou non l'argent pour assister à des spectacles avec des copains, pour pratiquer des sports entre amis ou pour porter des vêtements à la mode, est un facteur qui influera sur le type d'amis que choisira l'enfant et sur les décisions des autres de l'inclure dans le groupe.

Il n'est pas étonnant donc que l'estime de soi de la plupart des jeunes gens dans ce pays repose, en partie, sur les biens et les expériences matérielles que procure l'argent.

Voici comment l'argent s'impose dans la vie d'un enfant :

1. C'est une *monnaie d'échange* qui peut être troquée contre des biens, des expériences matérielles ; l'argent sert à combler des besoins et à améliorer son image de soi. « J'aime bien l'allure que me donne ce type de vêtements. »
2. C'est une *mesure de la valeur personnelle* ; l'argent confère un statut social, si abondance matérielle équivaut à valeur personnelle. « Les gens savent que je peux me payer ce qu'il y a de mieux, et ça me plaît. »
3. C'est un *mode d'acquisition* ; le mode d'obtention de l'argent peut contribuer au respect de soi. « Je suis fier d'avoir gagné l'argent pour m'offrir cette voiture. »

L'argent et l'image de soi

Les adultes aussi savent que les biens matériels révèlent quelque chose sur leur propriétaire. Sinon, pourquoi se préoccuperaient-ils de ce qu'ils portent, d'où ils vivent, de la voiture qu'ils conduisent, et de ce qu'ils possèdent ? Les biens matériels parlent de la personne, ils projettent une image que percevra la société.

Pour les adolescents insécurisés qui, au fil de leur croissance, se cherchent une identité et sont anxieux d'être acceptés par leurs pairs, la question de *l'image* prend une importance considérable. L'âge impressionnable, c'est celui où on est en quête d'identité et d'acceptation. Et la promotion de presque chaque produit pour les jeunes exploite impitoyablement cette vulnérabilité des jeunes gens : elle suggère une image sociale désirable associée au produit. La promesse implicite est celle-ci : *achetez ce produit, et cette image sera la vôtre.*

Quelle est cette image ? Pour les adolescents, on présente un rassemblement de jeunes gens *confiants*, de belle *apparence*, au comportement *sexy* ; ils sont emballés, *s'amusent* bien et ils sont *populaires*, car ils emploient le produit *pour se sentir bien dans leur peau*. Il n'est pas étonnant que les jeunes gens en viennent à adhérer au matérialisme qu'on leur vend, à cause des centaines de messages publicitaires qui bazardent quotidiennement la même notion implicite aux enfants : « Le bonheur dépend de ce que vous possédez. », « Vous êtes ce que vous possédez. », « Si vous ne possédez pas, vous n'êtes *pas dans le coup* socialement. »

Le défi, pour les parents, consiste à aider l'enfant à se façonner une image de soi positive qui ne dépende pas d'abord de la possession d'objets à la mode que procure l'argent. Pour ce faire, les parents devront dissiper les confusions les plus courantes, et offrir un point de vue *indépendant* :

— En dépit de ce que l'on fait croire aux enfants, *l'image n'est pas la réalité* : « Quand tu achètes une chose, tu n'obtiens que le produit ; l'image ne sert qu'à vendre le produit. »

— En dépit de ce que l'on fait croire aux enfants, *les objets ne sont pas ce qui définit la personne* : « Les biens ne définissent pas qui tu es ; ce ne sont que des objets que tu possèdes. »

— En dépit de ce que l'on fait croire aux enfants, *acheter un objet ne revient pas à s'améliorer* : « Au mieux, l'achat augmentera le nombre de tes possessions, mais il n'améliorera jamais ce que tu es vraiment. »

L'argent et la valeur personnelle

Pratiquement tous les enfants, dans nos pays, peu importe l'opulence dans laquelle ils vivent, grandissent avec un sentiment de privation matérielle. Comment est-ce possible ? Parce que certaines *réalités de notre société de consommation* rendent le fait possible :

1. Les lubies et les modes changent trop rapidement pour que qui que ce soit puisse les suivre.
2. Il existe une quantité bien trop grande de produits pour que l'enfant puisse les acheter tous.
3. L'enfant connaîtra toujours quelqu'un qui possède quelque chose de plus, de mieux, de différent ou de plus récent que ce qu'il a.

Ces trois facteurs engendrent un sentiment de *carence relative*, car l'adolescent est porté à se comparer. On conditionne par le fait même les jeunes à une insatisfaction matérielle plus ou moins prononcée, car ils souffrent de cette idée : « Je n'ai pas suffisamment de choses parce que je n'en possède pas autant que les autres. »

Par ailleurs, les enfants déchiffrent dans la manière dont on traite les gens riches par rapport aux plus démunis un autre message concernant l'argent. Le statut et les bénéfices sociaux sont souvent directement liés aux moyens financiers. À partir de cette inégalité de traitement, les enfants concluront de façon erronée : « Richesse signifie valeur personnelle. » Ce sentiment d'insuffisance relative et cette notion de l'argent comme valeur personnelle mèneront les enfants à certaines conclusions qui entacheront leurs échanges avec les pairs :

— « Si j'ai moins que…, je ne suis pas aussi bien que… »
— « Si je possède autant que…, je suis l'égal de… »
— « Si j'ai plus que…, alors je vaux mieux que… »

Pour les parents, il s'agira de permettre à l'enfant de discerner la valeur monétaire ou matérielle de la valeur personnelle.

— « Si tu t'évalues en fonction de l'argent que tu as, alors tu n'accordes pas beaucoup de valeur à l'être que tu es. »

— « Si ton épanouissement personnel dépend de toujours plus de nouvelles possessions matérielles, alors ta capacité à te satisfaire s'amoindrit. »

— « S'il te faut avoir ce que les autres ont pour obtenir leur attention, alors leur attention ne vaut pas grand-chose. »

— « Si tes amis t'apprécient ou te rejettent selon ce que tu possèdes, alors leur amitié n'est pas très valable. »

L'argent et le respect de soi

Examinons les cinq sources de revenu accessibles à un enfant pour combler ses désirs : l'argent reçu en *cadeau*, l'argent *de poche*, l'argent *économisé*, l'argent *gagné*, l'argent *emprunté*. Chacune recèle une forme de pouvoir qui rehausse l'estime de soi, car ce pouvoir procure le respect de soi.

— *L'argent reçu en cadeau* signifiera pour l'enfant que les parents le respectent suffisamment pour le juger capable de dépenser raisonnablement une certaine somme (sans quoi ils n'accorderaient pas le cadeau).

— *L'argent de poche* signifie pour l'enfant qu'on le juge désormais assez grand pour gérer régulièrement une somme d'argent ; cette petite subvention pourra augmenter à l'adolescence jusqu'à couvrir certains frais de subsistance dont il sera responsable.

— *L'argent économisé* signifie pour l'enfant qu'il a acquis une maîtrise de soi suffisante pour amasser un montant qui autrement aurait pu être dépensé impulsivement sur un objet coûteux.

— *L'argent gagné* signifie pour l'enfant qu'il a désormais le pouvoir de générer un revenu indépendant grâce à un travail occasionnel, à temps partiel ou permanent.

— *L'argent emprunté* signifie pour l'enfant qu'il peut respecter une entente de prêt entre amis ou avec ses parents et qu'il remboursera ce qu'il leur doit à temps.

Parce que ces cinq sources de gains sont toutes sources de respect de soi, les parents favoriseront ces rentrées monétaires lorsque, à leur avis, elles confortent l'estime de soi.

Fixer des limites

Les parents souhaitent s'assurer que leurs enfants ne manquent de rien, qu'ils obtiennent ce qui fait leur bonheur. De ce fait, il sera parfois difficile de fixer des limites sur l'argent face à la déception d'un enfant qui essuie un refus. Pire encore, les parents sentiront peut-être que s'ils ne donnent pas assez d'argent à l'enfant, ou pas assez de ce que procure l'argent, ils nuisent à son estime de soi. Voici quelques directives sur les dépenses pour éviter de succomber à ce type de culpabilité :

1. N'accordez pas à l'enfant plus que ce que le permet le bien-être financier de l'ensemble de la famille.
2. Ne donnez pas à l'enfant pour rivaliser avec ses amis.
3. Ne vous blâmez pas parce que vous donnez moins que ce qu'exige l'enfant.
4. Ne dévalorisez pas l'enfant en lui donnant dans le but de « gonfler » son image de soi.
5. N'achetez pas pour l'enfant pour compenser le temps et l'attention que vous ne lui avez pas donnés.
6. N'achetez pas pour aider l'enfant à composer avec l'ennui, avec le mécontentement ou face à tout autre coup dur, ou pour y échapper.
7. Ne donnez pas à l'enfant tellement de choses qu'il se mette à mesurer sa valeur auprès des parents d'après le nombre de ces objets ou leur valeur monétaire (les jouets, par exemple).
8. Ne donnez pas en excès et n'échafaudez pas d'attentes irréalistes quant à une rétribution, pour ensuite vous irriter contre l'enfant qui n'a pas assez donné en retour.

CHAPITRE 13

LA CRÉATIVITÉ
L'imagination comme source d'estime de soi

La créativité est un processus mental par lequel s'élaborent des manières neuves et différentes de penser et d'agir. Toute occasion de créer éveille notre *intérêt*, et nous permet de développer une *aptitude* et d'exprimer notre *individualité*. La créativité prend maintes formes : la naissance d'une idée, la résolution d'un problème, la création d'un jeu, la réorganisation d'un espace, l'élaboration d'une stratégie, la découverte d'une formule, la rédaction d'une histoire, la formulation d'une théorie, la composition d'un poème, d'une mélodie, l'esquisse d'un portrait, la conception d'un programme informatique, la création d'une solution d'affaire originale, le recours à une variation ou à une application nouvelle pour quelque chose de désuet. Si la société est souvent l'ultime bénéficiaire de ces actes d'innovation, les créateurs moissonnent aussi des rétributions plus immédiates : *grâce au processus créatif, par lequel ils expriment leur originalité, leur estime de soi s'épanouit.*

Pourquoi ? Parce qu'en se livrant à une œuvre ou à un jeu créatif, les gens agissent envers eux-mêmes comme s'ils étaient des ressources méritant d'être cultivées. Les créateurs estiment que le processus les intériorise, que l'expression les satisfait et que le résultat leur donne de l'assurance. Les enfants, en l'occurrence, tirent une grande fierté de la création : « Regarde ce que je peux faire ! », « Écoute ce que j'ai composé ! », « Laisse-moi te montrer ma nouvelle façon de faire ! », « Je te parie que tu n'y avais jamais songé ! »

Les parents ont à leur disposition plusieurs moyens habiles pour stimuler l'enfant et réagir face à lui, en vue d'épanouir sa créativité :

— Ils *stimuleront* l'imagination du jeune enfant en jouant à faire semblant avec lui. Ils lui liront des histoires et l'exposeront à l'univers merveilleux de l'art et de l'imaginaire. Ils fabriqueront des objets et imagineront des choses ensemble par le biais d'une diversité d'activités enjouées qui débutent par des phrases telles que : « Faisons semblant de… », « Imagine que… », « Imagine ceci… », « Voyons ce qui se passe quand… », « Essayons quelque chose de différent… », « Et si… ? »

— Ils *réagiront* aux œuvres de l'enfant en lui servant d'auditoire, auditoire intéressé et appréciatif. Quand il s'agit d'une parodie ou d'un talent, la patience des parents peut être vraiment mise à l'épreuve : l'enfant veut exhiber ses œuvres jusqu'à ce qu'il en ait épuisé le plaisir : « Je veux te le montrer encore une fois ! »

La créativité est une affirmation intime du caractère unique d'une personne. C'est pourquoi elle la rend très vulnérable à la désapprobation et sensible à la critique, surtout quand cette réaction est celle des parents. Voilà pourquoi ceux-ci doivent aborder avec délicatesse et tolérance cette immense source d'estime de soi pour leur enfant, et éviter l'indifférence et le rejet.

Qui est créatif?

Il est important que les parents se souviennent que la créativité n'est *pas* un processus élitiste réservé à de rares élus talentueux. *Tous* les enfants y ont droit, elle est accessible à tous. « Chaque enfant normal apporte dans le monde, à divers degrés, des dons créatifs, des manières originales de percevoir et d'aborder la vie. Plusieurs considèrent que la créativité se limite aux grandes œuvres d'art, de musique, de littérature ou de la science. Mais nous oublions souvent que les œuvres modestes où s'épanouit la créativité sont tout aussi authentiques que la création à grand déploiement. » (Voir Suggestions de lecture, Briggs, p. 278) En ce qui concerne l'estime de soi d'un enfant, l'envergure de la création est beaucoup moins importante que la possibilité d'améliorer l'opinion qu'il a de lui-même.

L'ennemi de la créativité

La créativité et le *conformisme* sont souvent en opposition, car l'originalité distingue l'individu du groupe. C'est pourquoi une différenciation créatrice sur le plan de la pensée ou de l'expression peut occasionner des malentendus, susciter la critique, le ridicule, même provoquer le rejet, car l'innovateur ne se conforme pas à ce qui est communément accepté, à ce qu'on pratique couramment ni à ce qui est généralement admis.

Ainsi, l'enfant qui fait part à ses parents d'une opinion insolite s'exposera peut-être la *désapprobation*. L'enfant remettant en question l'explication d'un professeur pourrait encourir une *punition* pour avoir défié l'ordre établi. Ou encore, celui qui fait preuve d'un intérêt inusité s'attirera les *railleries* de ses camarades qui le jugeront « bizarre ». Ces attitudes peuvent engendrer une *inhibition de l'expression*.

L'inhibition de l'expression est fréquente chez les jeunes enfants. Elle les pousse à renoncer à certaines formes d'expression saines par crainte d'être ridicule aux yeux de leurs pairs. « Je ne sais pas chanter. » « Je ne peux pas danser. » « Je ne sais pas dessiner. » L'enfant en vient à ces conclusions malheureuses après que maintes brimades sont venues réprimer l'expression créative de son caractère unique : les risées, l'humiliation, la correction, la moquerie.

Plus l'enfant est créatif, plus il risque de devenir non conformiste. Dans les cas extrêmes, le petit garçon ou la petite fille sera déterminé à « ne pas marcher au pas », peu importe ce qu'on en pense. Les parents qui souhaitent rehausser l'estime de soi de cet individualiste opiniâtre devront apprendre à l'enfant à faire des compromis entre suivre le courant (se conformer aux règles, aux routines, aux responsabilités) et n'en faire qu'à sa tête (tenir compte du besoin créatif d'exprimer son caractère unique).

Le rôle des parents

La créativité, c'est l'exploration et l'expression de ses ressources intérieures. Les parents peuvent ainsi y inciter l'enfant de plusieurs manières :

— Ils accorderont du temps pour le jeu libre, pas exclusivement au jeu organisé.

— Ils attendront de l'enfant qu'il passe un certain temps à se divertir seul, sans dépendre d'un divertissement extérieur, notamment des divertissements de type électronique et passif.

— Ils feront attention de ne pas critiquer spontanément ou décourager d'une manière ou d'une autre une forme d'expression personnelle différente qu'ils ne comprennent pas.

— Ils démontreront de l'intérêt pour les passions de l'enfant, même lorsque celles-ci ne coïncident pas forcément avec les leurs.

— Si le temps, l'énergie et les ressources financières le permettent, les parents appuieront des expériences éducatives extérieures où l'enfant pourra faire mûrir les activités créatives qu'il aime.

CHAPITRE 14

LA COMPÉTENCE
Apprendre à faire face pour affermir l'estime de soi

Renoncer prématurément est un ennemi de l'estime de soi qui possède deux visages : la *capitulation* et le *blâme*. Dans les deux cas, l'enfant abdique son pouvoir.

« Ça me dépasse ! », « C'est trop difficile ! », « C'est impossible à réparer. », « Inutile d'essayer. », « Je ne saurai jamais ! », « C'est impossible ! », « À quoi bon ? », « Je n'y peux rien ! » *Ces énoncés défaitistes* ne font qu'engendrer un sentiment d'impuissance. L'enfant renonce à l'effort parce qu'il est contrarié de ne pouvoir maîtriser la situation ou la corriger aisément.

Lorsqu'on recule devant un défi rebutant ou qu'on refuse de modifier le cours d'événements fâcheux, on capitule avant même d'avoir engagé le combat. Si l'enfant adopte une attitude si impuissante face à l'adversité, il prend le rôle de victime, un *rôle qui mine l'estime de soi.*

À l'enfant qui, face à d'infimes chances de réussite, pense qu'il ne sert à rien d'essayer, les parents pourront dire : « C'est bien vrai que tes efforts ne garantissent pas le résultat que tu cherches. Tu auras toutefois la satisfaction de savoir que tu as fait tout ce qui était en ton pouvoir. Et puis, après coup, tu n'auras pas à te demander quel aurait été le résultat si seulement tu avais essayé. »

Le blâme

Par ailleurs, les *accusations*, qui démontrent que l'enfant se déleste de toute responsabilité face à une tournure malencontreuse des événements, sont tout aussi défaitistes. « Ce n'est pas ma faute ! », « Ils ont commencé. », « Le problème, c'est eux et pas moi ! », « On est toujours injuste avec moi. », « Les autres ont la chance avec eux ! », « Pourquoi les gens s'en prennent-ils à moi ? », « Si je n'avais pas été pris sur le coup, je n'aurais pas tous ces ennuis ! »

Tant et aussi longtemps que tous les malheurs de l'enfant sont attribuables à quelqu'un d'autre, celui-ci n'a pas le pouvoir de corriger, de rétablir ce qui ne va pas. L'enfant n'acquerra le pouvoir de s'en sortir que s'il endosse une part de responsabilité pour les actions qui l'ont mis dans le pétrin, qui lui ont causé du tort ou une déception. Les parents expliqueront à cet enfant : « Accuser aggrave les problèmes, sans jamais les résoudre. »

La capitulation et l'accusation constituent toutes deux une forme de démission. Elles nuisent à l'estime de soi car elles mettent en relief l'impuissance de la personne face aux épreuves de sa vie.

L'antidote à la démission

La *compétence* remédie à la démission : voilà une méthode pour confronter les problèmes qui accroît l'estime de soi. La compétence comporte quatre composantes que les parents inculqueront à l'enfant par l'éducation, l'encouragement et par l'exemple :

1. *Maintenir une attitude dynamique.* « L'attitude intérieure qui te permettra de réaliser ce que tu désires, c'est de croire que tu peux le faire. »
2. *Endosser la responsabilité.* « Tant que tu as le pouvoir de choisir dans la vie, tu as le pouvoir d'effectuer des changements dans ta vie. »
3. *Persévérer.* « Continue de tenter différentes approches, et tu resteras ouvert à la possibilité de trouver une solution. »
4. *Acquérir la maîtrise.* « Continue à t'exercer, et tu auras de fortes chances d'arriver à gérer la situation efficacement. »

Ce qu'il ne faut pas faire avec un problème

« Les problèmes ne posent pas de problème », voilà l'une des conjectures puissantes à l'appui de la compétence. Petits ou grands, les problèmes sont tout simplement des défis inhérents à la vie quotidienne de chacun. Ils vont à l'encontre de ce que désirent les gens : un objet se brise (perte) ; un imprévu vient perturber un projet (surprise) ; le malentendu s'installe (confusion) ; on ne se sent pas aussi bien ou aussi beau qu'on le souhaite (déception) ; nos projets sont entravés, bousculés ou complexes (contrariété). Que doit donc faire l'enfant en de telles circonstances ?

Les parents devraient aider l'enfant à résister à la tentation de l'objection émotionnelle, c'est-à-dire que la contrariété l'empêche de confronter efficacement la situation. « Regarde-moi ça ! s'écrie l'adolescent contrarié. Regarde ce que j'ai fait ! C'est incroyable ! J'ai oublié toute la seconde partie de mon devoir, et là, je dois tout réécrire ! Ce n'est pas juste ! J'ai envie de renoncer et de ne rien remettre ! » *En plus de gaspiller une énergie et un temps précieux, l'objection émotionnelle mène souvent à des actions autodévalorisantes, et mine ainsi l'estime de soi.*

Les parents peuvent dire à cet enfant qu'il est normal d'être contrarié et de le dire sur le coup ; mais il n'est pas opportun de rester dans cet état d'esprit, et de permettre à ces sentiments d'entraver la résolution du problème.

L'objection émotionnelle, c'est le fait d'aborder des problèmes ordinaires comme s'il s'agissait de catastrophes.

La compétence, c'est de savoir résoudre les problèmes

Que le problème soit le fait d'une cause extérieure, du hasard, d'un mauvais calcul, d'une erreur ou d'un méfait, les parents doivent inciter l'enfant à le *considérer comme une occasion de plus d'apprendre de la vie*. Leur objectif ne devrait pas être d'élever un enfant afin qu'il ne se trompe jamais, ou pour qui rien ne va jamais de travers. Ils devraient éviter de toujours intervenir pour résoudre eux-mêmes les problèmes de l'enfant. Leur objectif sera d'élever un enfant compétent, désireux de comprendre ce qu'il faut faire face à un problème, et capable de le faire. L'enfant résoudra rarement un problème sans apprendre quelque chose de nouveau. *Chaque problème est un maître sous couvert.* Et la solution d'un problème est un *processus porteur de ses propres rétributions* : le sentiment d'accomplissement et de fierté du fait d'avoir résolu quoi faire.

Voici une méthode simple permettant de cerner un problème et de déterminer les choix de solutions :

— Tout problème peut être conçu comme une manifestation d'*insatisfaction* au sujet d'un écart dans la vie de la personne : « Les choses ne vont pas comme je le voudrais. » Voici par exemple un problème fréquent pour un adolescent : « Je suis trop gros ! »

— En vue de réduire l'écart entre la réalité et ses désirs, il existe deux moyens de régler le problème et d'atténuer le mécontentement (on peut aussi faire appel à une combinaison des deux stratégies) :

• L'enfant peut soit modifier la situation pour qu'elle corresponde à ce qu'il désire. L'adolescent « trop gros », par exemple, perdra du poids afin de se donner l'apparence qu'il souhaite avoir.

• L'enfant peut aussi altérer ses désirs pour s'ajuster à la situation. L'adolescent «trop gros», par exemple, peut tout simplement accepter sa forte constitution, et en venir à considérer que ce type de corps est tout à fait correct.

Les enfants ont besoin qu'on leur enseigne ces stratégies permettant de résoudre les problèmes : « *Qu'est-ce que tu peux changer à cette situation que tu n'aimes pas, et qu'est-ce qui ne peut être changé et que tu dois accepter ?* »

La résolution de tout problème apporte une mesure de compétence, qui à son tour consolidera l'estime de soi. Voici le point de vue plus global que peuvent offrir les parents à leur enfant : « Chaque fois que la vie t'offre un défi que tu relèves sans capituler, ni t'y soustraire, tu accrois ta capacité d'affronter les problèmes et tu améliores ton opinion de toi-même. »

CHAPITRE 15

LA COMPÉTITION
La concurrence construit l'estime de soi

Certains enfants prennent plaisir à la compétition (épreuves, jeux, sports, récitals, débats, etc.), d'autres pas. Trois aspects de la compétition expliquent cette divergence d'attitude :

1. *Le conflit :* la compétition est une forme de *rivalité* qui implique l'opposition à des fins récréatives. Le but est de gagner, mais il y a risque de perdre.
2. *La coopération :* la compétition est une forme d'*interdépendance* où il faut adhérer aux règles, collaborer avec l'adversaire, et avec les membres de son équipe (dans le cas des jeux d'équipe), pour que le jeu fonctionne.
3. *Le défi :* la compétition est une *expérience isométrique* où l'on a l'occasion d'éprouver les limites de ses capacités en se mesurant à la résistance qu'oppose l'adversaire. Le jeu d'un concurrent devra être à la hauteur du jeu de son adversaire.

Les périls de la compétition

Certains enfants ne se sentent pas à la hauteur des risques que comporte la compétition. Quels sont-ils ?

— *Soumettre sa performance personnelle à la comparaison avec celle d'autrui, au regard du public* : « Pourquoi irais-je me mesurer à ce que peut faire quelqu'un d'autre, au vu et au su de tous ? »

— *Se mettre en position d'être défait* : « Pourquoi ferais-je quelque chose qui puisse aboutir à l'humiliation si je perds ? »

— *S'attirer une éventuelle souffrance* — soit affective (déception), sociale (critique) ou physique (blessure) — « Quel plaisir peut-on prendre à un jeu qui comporte le risque de se faire mal ? »

S'ajoutent ensuite à ces périls les difficultés de s'entendre avec l'adulte chargé de préparer l'enfant, ou son équipe, à la compétition (instructeur, meneur, entraîneur). Ces adultes jouent plusieurs rôles que l'enfant aura peut-être de la difficulté à accepter :

1. *Directif :* ils disent aux concurrents ce qu'ils doivent faire ou ne pas faire.
2. *Correctif :* ils disent aux joueurs ce qui va et ce qui ne va pas.
3. *Sélectif :* ils décident quels membres de l'équipe joueront.

Cet ensemble de risques et de difficultés rebutent certains enfants qui préféreront s'en tenir à leur façon de faire. Ils épanouiront leurs capacités grâce à l'apprentissage individuel, par la collaboration, ou en travaillant dur à ce qu'ils aiment, peut-être à des expériences créatrices.

Avant de détourner des expériences compétitives un tel enfant, il faut se souvenir que *le désir de rivaliser est une aptitude transmissible*. Après tout, les adultes rivalisent dans le domaine de l'éducation, de l'emploi, ou pour obtenir de l'avancement. En outre, à leur entrée sur le marché du travail, les jeunes adultes devront s'intégrer à une unité organisée ou à une équipe départementale sous une autorité douée de pouvoirs directifs, correctifs et de sélection.

Pour cette seule raison, la plupart des enfants ont intérêt à participer à des activités compétitives en grandissant, et à se joindre à une équipe sportive ou une équipe de performance pour un certain temps. À l'enfant réticent à participer aux compétitions organisées, les parents accorderont une marge de manœuvre et lui offriront des assurances : « Choisis une de ces activités, celle que tu souhaites essayer. Si après une saison, elle ne te plaît pas, alors tu pourras faire autre chose. »

Les bienfaits de la compétition

En raison des risques et des défis inhérents à la compétition, *il faut un certain degré d'estime de soi pour vouloir entrer en concurrence.* Heureusement, la participation comporte des satisfactions, au-delà des inconvénients qu'entraînent les risques et les difficultés.

— *Le plaisir* de l'événement en soi : « J'aime bien sortir tout simplement pour jouer dehors. »

— La *satisfaction* d'exercer ses talents, pour ensuite les mettre à l'épreuve : « J'aime bien m'améliorer et puis, voir comment je réussis. »

— Le sentiment d'*appartenance*, à une équipe ou à un groupe : « J'aime bien la manière dont on travaille tous ensemble. »

— La *satisfaction* d'avoir donné le meilleur de soi-même, dans la victoire ou dans la défaite : « Je suis heureux d'avoir donné tout ce que j'avais à donner. »

— Le plaisir de s'absorber dans l'*intensité* de la performance : « Quand j'affronte un adversaire seul à seul, je suis vraiment concentré. »

— L'*exaltation* de vaincre un adversaire : « C'est fabuleux de triompher de l'autre équipe. »

Toutes ces gratifications sont de puissants adjuvants à l'estime de soi.

Les influences malsaines de la part d'entraîneurs ou des parents

Tout en encourageant la participation de leur enfant à une compétition organisée, les parents devront surveiller la qualité de cette participation. Et ce afin de repérer les influences malsaines, notamment celles que pourraient exercer l'entraîneur ou l'instructeur, ainsi que la leur. Ces influences peuvent s'avérer nuisibles parce qu'elles portent atteinte à l'estime de soi de l'enfant.

Entraînement et instruction à la compétition

L'entraînement punitif, une forme courante d'entraînement à la compétition, peut s'avérer catastrophique pour certains enfants : ils ne tirent plus de plaisir de l'activité et y perdent leur estime de soi. En l'occurrence, l'entraîneur s'imagine qu'il doit effrayer l'enfant en évoquant des souffrances qu'il est susceptible d'infliger. Il fait appel à diverses stratégies punitives pour motiver la performance et garder le contrôle.

— *Les tactiques d'intimidation* usent de la réprobation et des cris, pour signifier : « Si tu oses mal jouer, je te le ferai regretter ! »

— *Les tactiques d'humiliation* usent du sarcasme et du ridicule, pour signifier : « Si tu me contraries, je te rabaisserai devant les autres, et ils riront bien parce que je t'aurai ridiculisé. »

— *Les tactiques d'insatisfaction* usent de la critique et du blâme, pour signifier : « Ne te laisse pas aller, parce que peu importe ta performance, elle ne sera jamais à la hauteur ! »

Plus le niveau de la compétition s'élève (par exemple, le sport à l'école secondaire par rapport à l'école élémentaire), plus le poste de l'entraîneur dépend de la victoire. Du coup, la communauté investit dans la victoire, et l'enfant sera davantage susceptible d'être exposé à cette technique d'entraînement.

Les parents devront mesurer l'effet produit par ces tactiques sur l'attitude de l'enfant face à la participation, et évaluer l'état de son estime de soi. Certains enfants semblent bien répondre à l'entraînement punitif, car ils ne se sentent pas visés personnellement. Ils l'abordent comme un nouveau défi à relever, et l'emploieront même pour affirmer leur résolution de jouer ou de s'exécuter.

En revanche, si l'enfant souffre de cette forme d'entraînement, et si l'entraîneur ne tient pas à changer, les parents inciteront alors leur enfant à choisir une activité qui lui permettra également d'éprouver ses capacités, et qui bénéficie d'un entraînement ou d'un enseignement plus constructif. Après tout, on s'adonne aux jeux concurrentiels pour se divertir, pas pour être pénalisé ; pour y prendre plaisir, pas pour souffrir ; pour rehausser l'estime de soi, non pour l'anéantir.

Avertissement aux parents

Dans le feu de la compétition, certains parents nuiront à l'estime de soi de l'enfant. Qu'ils soient entraîneurs ou spectateurs, ils s'engageront trop, au détriment de l'enfant. Ils se livreront peut-être à l'entraînement punitif, qui est beaucoup plus dommageable de la part d'un parent. Ou encore, simples spectateurs, ils vociféreront leurs critiques sur le jeu de l'enfant, ou attaqueront à voix haute un arbitre avec qui ils ne sont pas d'accord. Dans l'un ou l'autre des cas, ils feront sérieusement honte à leur enfant, transformant ce qui était une expérience positive en cuisante humiliation.

D'habitude, ce comportement cesse quand les parents songent que l'enfant qu'ils regardent en compétition ou en représentation n'est pas leur prolongement, et que sa performance ne reflète pas la leur.

L'ÉCOLE ET L'ESTIME DE SOI

■

Chapitre 16

L'IMPORTANCE DES NOTES
L'attestation des capacités

Mises en valeur et vues sous l'angle juste, les notes peuvent contribuer considérablement à l'estime de soi. Dans le cas contraire, elles peuvent lui nuire sérieusement. Il revient aux parents d'employer judicieusement le pouvoir affirmatif des notes, sans toutefois qu'elles soient sources de stress superflu ou d'angoisse.

L'importance des notes

Les notes sont des indices. À l'école, domaine d'activité significatif pour l'enfant, les notes témoignent de sa maîtrise de diverses tâches et de ses aptitudes scolaires. Ce retour est évaluatif. Il se fonde sur des estimations subjectives, sur la maîtrise d'objectifs et sur les évaluations normalisées qu'appliquent les professeurs. Les devoirs constituent un défi majeur dans la vie d'un enfant, car les notes mesurent l'adéquation de la réponse. Elles auront également un impact direct sur sa mobilité éducationnelle et occupationnelle par la suite.

Une des responsabilités qui incombent aux parents est de fixer des normes, des limites et des objectifs sains pour leur enfant. Dès lors, pour ce qui est des résultats scolaires, il faudra établir des attentes à sa mesure. Leur connaissance intime de l'enfant permettra aux parents d'estimer ses capacités innées (ses aptitudes et talents naturels), et de fixer un degré acceptable *de capacité de fonctionnement* (ses performances véritables). Et ils inciteront l'enfant à le maintenir.

Ils imposeront ensuite un *seuil spécifique* sous lequel les notes ne doivent pas chuter : « Nous croyons qu'avec des efforts sincères, tu peux parvenir à B, nous estimons donc qu'il est raisonnable de s'attendre à ce que tu obtiennes des notes entre B et C. » Ils promettront ensuite leur aide si les notes devaient baisser sous ce seuil : « Si tu obtiens moins que C, nous ferons tout en notre pouvoir pour t'aider à faire remonter tes notes. » Ils *s'abstiendront* de réprimander l'enfant ainsi : « Fais de ton mieux. », « Fais tous les efforts possibles. », « Assure-toi d'être à la hauteur de ton potentiel. » De telles exhortations abstraites menacent l'estime de soi plus qu'elles ne la rehaussent, car elles ne spécifient aucun objectif tangible. Et personne n'est à la hauteur de ce type d'idéal en tout temps (si nous ne le sommes jamais). L'enfant pense alors : « Comment savoir quel effort suffit ? »

L'impact du bulletin scolaire tient dans le retour sur soi qu'il peut occasionner. Les parents doivent aider leur enfant à atteindre un niveau de performance qui reflétera ses capacités scolaires, peu importe ce qu'elles sont. Si les parents poussent trop l'enfant (« Mes parents n'étaient jamais contents malgré mes bonnes notes. »), ou s'ils ne le motivent pas assez (« Mes parents se fichaient de mes résultats. »), alors ils minent son estime de soi. Dans le premier cas, l'enfant en vient à se sentir constamment mécontent de lui-même, peu importe son degré d'excellence ; dans le second cas, l'enfant en vient à penser qu'il ne vaut pas assez pour qu'on le pousse à faire des efforts.

Envisager les notes sous le bon angle

Selon le psychologue américain Don Fontenelle : « La plupart des parents disent " Fais de ton mieux " mais ils n'apprécient pas les C. Cinquante pour cent des enfants aux États-Unis se situent dans la moyenne. Les chances d'avoir un enfant de niveau " C " sont plus grandes que celle d'avoir un enfant qui se classe dans les moyennes supérieures. Pour contourner la question des notes, j'invite les parents à mettre plutôt l'accent sur la responsabilité de l'enfant et à s'assurer qu'il fait tout ce qu'il est censé faire (devoirs, travaux, préparation aux cours, participation, etc.). Si un enfant fait tout ce qu'il est censé faire, et qu'il s'agit d'un élève doué, il obtiendra des A, et si c'est un élève dont le potentiel est moyen, il obtiendra des C. » Si l'enfant fait des efforts sincères, les résultats suivront.

Vers la fin du cours élémentaire et au début du secondaire, il est fréquent de voir plusieurs enfants se soustraire à cette responsabilité et fuir l'effort sincère, ce que l'on appelle *la baisse des performances du début de l'adolescence*. Les notes chutent parce que l'enfant se préoccupe davantage de sa croissance physique, de sa vie sociale et de son opposition à l'autorité. Le plus souvent, ce sont les devoirs qui écopent : l'enfant « oublie » de les ramener à la maison, ment aux parents en disant qu'il n'en a pas, ou fait ses devoirs à contrecœur et « oublie » de les rendre.

Si les rappels ne réussissent pas à corriger le problème, les parents *superviseront* les efforts défaillants de l'enfant ainsi :

— Ils retrouveront l'enfant à l'école pour rencontrer ensemble les professeurs et s'assurer que les devoirs sont rapportés à la maison.

— Ils désigneront un endroit (pas la chambre de l'enfant) où l'enfant peut faire ses devoirs à des heures précises, à l'abri des interférences qui l'empêcheraient de s'exécuter.

— Ils se rendront à l'école avec l'enfant pour faire la tournée des classes ensemble et s'assurer que les devoirs sont remis.

Les enfants qui font assidûment leurs devoirs et qui les remettent à temps font preuve de ce dont ils sont capables à l'école.

Les notes sont certes importantes, mais leur importance ne doit pas être exagérée. Les parents entretiennent parfois des préjugés au sujet des notes.
1. Les bonnes notes de l'enfant prouvent que les parents sont de bons parents.
2. Les enfants qui réussissent bien à l'école auront du succès plus tard dans la vie.
3. Les enfants très doués sont heureux, bien adaptés et sont mieux motivés. Ils travaillent plus dur, obéissent mieux aux règles et aux lois, sont plus intéressés à apprendre, plus mûrs et responsables.

Ces conjectures peuvent s'avérer vraies, ou fausses. Les notes révèlent, tout au moins, l'évaluation que fait le professeur du travail d'un élève sur un devoir, un examen, un projet, ou sur toute autre performance dans une période de temps déterminée. Mieux vaut ne pas voir davantage dans les notes, sinon les parents risquent d'entretenir des préjugés irréalistes, lourds de conséquences : « Notre enfant est pourtant très doué, il est impossible qu'il prenne de la drogue ! »

Donner à l'amour et l'approbation leur juste valeur

Les parents ont à l'égard de leurs enfants deux attitudes d'une valeur inestimable : *l'amour et l'approbation*. L'amour communique leur acceptation *inconditionnelle* de l'enfant en tant que personne. L'approbation traduit une évaluation *conditionnelle* reposant sur la conduite de l'enfant ou sur ses performances. L'amour est un *dû*. L'approbation doit *se mériter*. Les deux doivent demeurer distincts l'un de l'autre.

L'approbation n'est pas une preuve d'amour, pas plus que l'amour ne garantit l'approbation. Par conséquent, les parents seront avisés d'expliquer cette différence. « Notre rôle n'est pas toujours des plus sympathiques. Par exemple, nous devons parfois te dire que tu n'as pas agi correctement ou que tu n'as pas obtenu les résultats que tu aurais pu obtenir. Par contre, ni l'une ni l'autre de ces remontrances n'influent sur notre amour pour toi, qui ne diminuera jamais. »

Puisque *les notes relèvent de la question du rendement*, elles sont sujettes à l'approbation des parents, mais ne devraient pas être liées à l'acceptation parentale. L'enfant dont les parents sont incapables de faire cette distinction sera souvent porté à croire que leur amour dépend de ses résultats scolaires : il mérite cet amour en excellant. S'il échoue, il risque de le perdre. Ainsi, les parents dont l'amour repose sur le rendement, qui mesurent la valeur de l'enfant (de même que la leur) par ses notes, le privent de cette estime de soi issue de la certitude que, dans le succès ou dans l'échec, leur amour lui est assuré et ne diminuera jamais.

Le redoublement

L'enfant *redouble* lorsqu'on décide de lui faire reprendre une année pour l'une des deux raisons suivantes :
1. Parce que ses aptitudes et ses performances académiques sont insuffisantes.
2. À cause de son immaturité physique, sociale ou émotionnelle.

Le redoublement est conçu comme une seconde chance offerte à l'enfant pour qu'il règle ses aptitudes, en reprenant une année, ou comme une chance de se lier à des enfants du même degré de maturité. D'une manière ou d'une autre, reprendre une année présente l'occasion de rattraper les autres, de s'améliorer et de se sentir mieux dans sa peau.

Malheureusement, les études ont démontré systématiquement que le redoublement va à l'encontre du but recherché et cause des ravages émotionnels chez les enfants de toutes les catégories d'âge. L'impact négatif surpasse tout simplement les gains.

Dans leur article «Synthesis of Research on Grade Retention» (voir *Educational Leadership*, mai 1990, p. 85), les auteurs Lorrie A. Shepard et Mary Lee Smith rapportent : «Les résultats de l'étude ci-dessus indiquent donc que, contrairement à l'opinion populaire, redoubler une année fait chuter les niveaux de performances au cours des années ultérieures. Ces faits s'opposent au raisonnement habituel selon lequel le redoublement devrait réduire les taux de décrochage scolaire. Il semble plus probable que les politiques scolaires visant à augmenter les redoublements exacerberont les taux de décrochage. Les conséquences socio-émotives négatives de la répétition d'une année représentent le seul domaine où coïncident l'opinion publique et les résultats d'études scientifiques : les enfants ont toujours détesté le redoublement, et les études en font état.»

Nombre de ces enfants diront d'eux-mêmes qu'ils sont «ratés», «recalés» ou «stupides», trop bêtes pour apprendre. Ils y renoncent donc. *Pour les enfants de tous âges, le redoublement est risqué car il peut entraîner une démotivation importante.* Ils ont littéralement échoué leur année. Néanmoins, la solution évidente, *la promotion sociale*, possède également ses défauts. L'enfant se retrouve face à un ensemble de contraintes académiques plus difficiles que celles qu'il n'avait pas réussi à maîtriser auparavant.

Quelle est donc la meilleure solution ? Il faudrait probablement en venir à une solution intermédiaire entre la promotion sociale et les *cours d'appoint*. L'enfant promu socialement bénéficiera d'une aide sur le plan scolaire pour rattraper et maintenir les nouvelles normes éducatives.

CHAPITRE 17

L'INFLUENCE DES PAIRS
L'impact de la cruauté sociale

De la troisième à la sixième année de l'école élémentaire, le comportement des élèves à l'égard de leurs camarades de classe peut, à divers degrés, malmener sérieusement l'estime de soi. Pourquoi? Parce que, lorsque les garçons et les filles quittent l'enfance pour entrer dans l'adolescence (normalement, entre neuf et treize ans), une foule de transformations vient bouleverser et déstabiliser leur vie. Pour l'essentiel, ces transformations échappent à leur contrôle et se produisent contre leur gré sur les plans physique, émotif, sexuel et social. L'enfant devient différent de ce qu'il était, de ce qu'il avait l'habitude d'être depuis toujours. *La croissance l'oblige à délaisser son ancienne identité; c'est le prix d'admission à l'adolescence que chaque enfant devra débourser.*

Ce processus inéluctable affectera sérieusement les deux composantes de l'estime de soi. Les changements inusités, incertains, provoquent une remise en question de la *définition de soi*. Et *l'évaluation de soi* se fait plus intransigeante: les enfants se comparent défavorablement aux autres, parce qu'ils sont timides et inquiets du fait de se sentir différent. C'est pourquoi jaillissent des sentiments d'insuffisance et d'incertitude. L'anxiété, la perte de confiance et la piètre estime de soi qui caractérisent cette période viendront contaminer les rapports entre pairs, au détriment de presque tous ceux qui sont engagés.

Les règles des échanges sociaux et des amitiés se modifient radicalement, essentiellement pour le pire. Maintenir ou améliorer son statut social au sein de la classe servira à compenser les sentiments d'insuffisance personnelle, que tous éprouvent mais que chaque enfant croit exclusif à lui seul. Les objectifs communs des enfants de cet âge seront : acquérir une popularité aussi grande que possible (en se montrant « sympa » avec ceux qui sont populaires) et éviter autant que possible d'être mal vu (en se montrant odieux avec ceux qu'on n'apprécie pas).

Comment opère la cruauté sociale

Dans la classe, dans le bus scolaire, dans les corridors, la cantine ou la cour de récréation, on voit de plus en plus fréquemment les jeunes *s'allier contre* un souffre-douleur. Pour ne pas être eux-mêmes victimes de représailles, les *suivants* obéissent à l'initiative lancée par une *petite brute* (qui domine socialement) et qui consiste à tourmenter une victime (souffrant d'une différence fâcheuse). Ce type de dynamique fait appel à des stratégies qui s'avèrent très dangereuses pour les parties impliquées : *l'intimidation* (bousculer, menacer, vandaliser), *l'exclusion* (ignorer, rejeter, exclure), le *ridicule* (affubler d'un surnom, se moquer, rabaisser) et *l'attaque sur la réputation* (rumeurs, ragots, médisance).

L'un ou l'autre de ces trois rôles qui caractérisent la cruauté sociale — brute, suivant ou victime — peut porter atteinte à l'estime de soi. La brute domine en abusant du pouvoir social, mais il se retrouve, après tout, entouré d'alliés éphémères plutôt que de véritables amis. Inspirer la crainte ne signifie pas qu'on est aimé. Le suivant se soustrait aux mauvais traitements en se mettant de la partie, mais il doit, malgré tout, vivre avec sa lâcheté. Suivre le courant pour échapper aux coups exige de sacrifier une part du respect de soi. La victime bénéficie de l'attention sur le plan social, mais il s'agit cependant d'un type d'attention dangereux, voire dévastateur. Le fait d'être continuellement la cible de mauvais traitements peut mener la victime à croire qu'ils sont mérités.

Les parents devront absolument tenir compte des répercussions à long terme de ces trois rôles :

— À l'âge adulte, le fait de *demeurer un tyran* peut mener l'enfant à perpétuer des comportements coercitifs, et à sacrifier l'intimité.

— À l'âge adulte, le fait de *demeurer suivant* peut mener l'enfant à s'en tenir à la servilité, au détriment de son intégrité.

— À l'âge adulte, le fait de *demeurer une victime* peut mener l'enfant à souffrir d'un sentiment d'impuissance, et à sacrifier sa compétence.

« L'avenir, c'est maintenant. » Parce que le comportement actuel façonne la conduite future. L'influence des parents sur le développement de leur enfant détermine l'adulte qu'il deviendra.

Les parents adopteront donc la politique suivante : si vous avez quelque raison de croire que votre enfant adopte systématiquement l'un de ces trois rôles, soit à l'école soit dans votre quartier, discutez avec lui des conséquences et des options, car chaque enfant a le choix du rôle qu'il décide de jouer.

Que faire si votre enfant est victime de cruauté sociale

Que doivent donc faire les parents, qui se sentent peut-être eux-mêmes victimes, si leur enfant se retrouve régulièrement dans ce rôle de victime ?
1. Être à l'écoute de ses sentiments et laisser savoir à l'enfant qu'il n'y a pas de honte à être malheureux ou à avoir peur de ces traitements.

2. L'aider à analyser les circonstances afin de déterminer s'il n'aggrave pas la situation à son insu, par des gestes qui lui attirent ces sévices.
3. Complimenter la bravoure dont il doit se prémunir pour affronter quotidiennement la cruauté sociale à l'école, car ce courage donnera à l'enfant la force d'affronter des défis futurs.
4. Aider l'enfant à comprendre que, tant qu'il cherche des moyens nouveaux et différents de composer avec la violence, le pouvoir du choix actif atténuera le sentiment passif d'être une victime et renforcera la maîtrise de soi et l'estime de soi.
5. Faire comprendre à l'enfant que l'évitement et la fuite ne font qu'accroître sa peur et qu'elles aiguillonnent ses persécuteurs.
6. Aider l'enfant à ne pas se laisser piéger par l'isolement, mais à nouer des amitiés avec d'autres élèves dans la classe qui ne jouent pas au jeu du tyran ou du suivant.
7. Lui donner le sens des proportions en lui expliquant comment ces comportements sont liés à l'âge, et pas à un défaut chez lui, et comment le besoin de cruauté s'estompe à mesure que les enfants grandissent et se sécurisent.
8. Permettre à l'enfant d'adopter un rôle plus agressif (s'exercer à tenir tête et à rétorquer) face à ce traitement, si le fait de l'ignorer n'a pas réussi à le faire diminuer ou à l'éliminer.
9. S'assurer que l'enfant prend les responsabilités qui s'imposent : *Il n'existe pas de tyran inné, de brute qui réussisse seul.* La petite brute naît du fait que les gens lui donnent la permission de les bousculer.
10. Présenter l'enfant à d'autres cercles d'amis hors de l'école, et l'encourager à inviter de nouveaux amis à jouer avec lui.
11. Si les incidents liés à la cruauté sociale se produisent dans la classe même, prier le professeur d'intervenir, avec la permission de l'enfant, naturellement. L'instituteur devra informer tous les élèves des normes

sécuritaires et respectueuses qu'ils doivent appliquer à leur comportement avec les autres et à la communication entre eux.
12. Si, en dépit de tous les efforts de l'enfant, de l'appui des parents et des requêtes à l'école, les sévices devaient se perpétuer, l'estime de soi de l'enfant en souffrirait sérieusement. Il faudra alors faire appel à la psychothérapie pour empêcher que la cruauté sociale aggravée ne provoque à long terme des dommages psychologiques. Ces derniers se manifestent par l'abattement, le fait de se replier, de s'isoler, ou de se déprécier.

Finalement, si en dépit de discussions avec le professeur, les actes de cruauté sociale atteignent une intensité laissant craindre pour la sécurité émotionnelle, physique ou sexuelle de l'enfant, les parents s'en remettront aux dirigeants de l'école ou du système scolaire afin que ceux-ci mettent un terme aux mauvais traitements et aux préjudices.

CHAPITRE 18

LE TROUBLE DE L'ATTENTION DÉFICITAIRE
Quand écouter et obéir posent un problème

Le trouble de l'attention déficitaire exerce une influence adverse sur l'estime de soi d'un nombre croissant d'enfants à l'échelle nationale, et ce mal s'avère extrêmement difficile à traiter. Dans les dernières années, on a fréquemment attribué l'étiquette diagnostique TAD (trouble de l'attention déficitaire) à une foule de comportements qu'on remarque d'abord à la maison, mais qui ne sont formellement identifiés que lorsque les professeurs font part de leur inquiétude au sujet de la conduite de l'enfant à l'école.

Ces enfants sérieusement distraits semblent « câblés » avec un tel besoin de stimulation qu'ils subissent deux types de *déficits*. Ils éprouvent de la *difficulté à maintenir une attention soutenue* sur l'enseignement, et ils sont *contrariés de ne pas recevoir toute l'attention qu'ils désirent*. Par conséquent, ils sont *régis par un degré d'impulsivité* qui entrave la concentration sur une tâche et qui empêche de se conformer aux règles sociales.

Ces filles et ces garçons survoltés ont fréquemment des démêlés avec les autorités, à la maison ou à l'école. L'impatience, la désapprobation, la critique, la réprimande et le châtiment forment leur lot quotidien parce qu'ils ne s'attachent pas à leur travail, ne terminent pas leurs devoirs, n'écoutent pas, ne suivent pas les instructions, n'obéissent pas aux requêtes, ne s'organisent pas, oublient, ne restent pas sagement assis, ne restent pas tranquilles, n'attendent pas leur tour, ne font pas les efforts que mériterait leur potentiel et ne font pas ce qu'on leur dit de faire.

La réaction des adultes au TAD est nuisible à l'estime de soi

La manière dont les enfants sont traités façonne l'attitude qu'ils auront envers eux-mêmes. Les réactions des gens à leur égard seront interprétées comme autant de jugements sur eux : « L'opinion des gens à mon sujet doit correspondre à ce que je suis. » Ce lien de cause à effet et les nombreuses réactions négatives de la part d'adultes significatifs peuvent inciter les enfants souffrant de TAD à se montrer démesurément critiques envers eux-mêmes. *Ils se rejettent, et s'accolent des étiquettes défavorables qui sapent leur estime de soi* : « l'inadapté », « le bizarre », « le problème de discipline », « le fauteur de troubles », « le débile », « l'enfant à problème », « l'échec ».

Les parents qui s'aperçoivent que leur enfant vit ce rapport autocritique et endosse certaines de ces étiquettes devront expliquer que le TAD est une affection fonctionnelle, pas un défaut personnel. Comme ils le feraient au sujet de n'importe quelle maladie, les parents doivent rassurer l'enfant :

1. Il *n'est pas* la cause de cette affection.
2. Ce mal ne diminue en aucun cas sa valeur humaine.
3. Il faut comprendre comment ce mal affecte son fonctionnement mental de façon à élaborer des stratégies pour arriver à le gérer.

Les mystères du TAD

Bien que les comportements liés au TAD possèdent parfois des causes physiologiques (lésions au cerveau, exposition prénatale à des substances toxiques, anomalies génétiques, etc.), dans la plupart des cas, on ne décèle aucun facteur causal. Selon les conclusions d'un comité de spécialistes des National Institutes of Health en 1998 (*Sciences News*, vol. 154, p. 343), les causes précises du TAD, les moyens de le diagnostiquer précisément et les meilleurs traitements devront faire l'objet d'études scientifiques exhaustives avant d'en arriver à un consensus et à une compréhension approfondie.

Il semble toutefois fort probable que :

— Des millions d'enfants de 5 à 14 ans souffrent du TAD, et son incidence ne fait que croître.

— Bien que les garçons et les filles soient également susceptibles, les garçons sont cependant diagnostiqués cinq à dix fois plus fréquemment que les filles, probablement parce que les symptômes se manifestent chez eux par des comportements plus agressifs.

— Dans certains cas, un médicament psycho-stimulant semble aider à réduire l'impulsivité et l'inattention. La substance accroît présumément la stimulation cérébrale requise, et calme par le fait même le comportement de l'enfant. Les effets à long terme de ce traitement sur l'apprentissage, sur le développement et sur le système nerveux demeurent toutefois inconnus.

— Comme segment de la population, les enfants atteints du TAD pourraient présenter, par rapport au reste de la population, un risque statistiquement plus élevé de problèmes familiaux, d'échec scolaire, d'alcoolisme et de toxicomanie, de comportements criminels, d'accidents de tous types et de suicide.

— « Les enfants souffrant du trouble de l'attention déficitaire ne se défont pas de leurs problèmes avec l'âge. Parmi les symptômes qui surviennent ou persistent à l'adolescence et à l'âge adulte, on retrouve l'échec scolaire, *une piètre estime de soi*, l'anxiété, la dépression et une difficulté à acquérir les comportements sociaux appropriés. » (Voir Suggestions de lecture, Merck, p.1253)

Une autre explication : l'adaptation à une surcharge de stimuli (ASS)

En raison de leur conditionnement culturel, il est fort possible qu'un nombre important d'enfants aient reçu un diagnostic erroné de TAD. *L'adaptation à une surcharge de stimuli* (ASS) décrirait plus justement ce dont souffrent la plupart de ces enfants. Cette adaptation serait une *réaction conditionnée au fait de grandir dans un environnement technologique trop stimulant*, réaction qui mènerait les enfants à avoir besoin, voire à dépendre pour se sentir bien, d'un régime constant de stimuli changeant rapidement, reçus passivement et procurant de fortes sensations. Tout ce qui procure des stimuli moindres, comme par exemple l'éducation formelle, sera perçu comme un châtiment cruel et inhabituel, une sorte de privation de stimuli sensoriels que certains enfants considèrent d'un ennui intolérable. D'où la fréquence des comportements de type TAD perturbant la vie en classe de nos jours.

En mettant à leur disposition tous les jeux électroniques qu'ils désirent, il n'est pas étonnant de constater que :

— Les enfants s'attendent à ce qu'on les distraie toujours plus et perdent leur capacité à s'amuser de façon indépendante.

— Plus les choix de divertissements électroniques augmentent, plus l'attention diminue.

— La demande de stimuli variés s'accroît.

— Les stimulations doivent être de plus en plus puissantes afin de susciter l'intérêt.

— L'ennui devient de plus en plus difficile à tolérer.

Les divertissements passifs mais excitants, auxquels notre société nous habitue, prédéterminent beaucoup nos enfants à trouver les exigences éducatives, qui demandent une participation active, ennuyantes. *La plupart des écoles ne peuvent entrer en compétition avec la culture des loisirs quand vient le temps de capter et de soutenir l'attention des enfants.*

La prescription contre-culturelle

Que peuvent donc faire les parents (et les professeurs) de ces enfants, en nombre croissant, qui dépendent de stimuli à haute tension ? Comme nous le disions au début du chapitre, une réaction essentiellement négative de la part des adultes ne fera qu'écorcher l'estime de soi de l'enfant, même si par défi, il dit ne pas s'en soucier. *Ces enfants ont besoin d'être guidés, pas corrigés.*

Les parents peuvent tenter de contrer l'influence d'une culture axée sur les excès de divertissements et de stimulation, en aidant l'enfant à *s'exercer à,* et à acquérir des aptitudes de gestion de soi au sein de la famille. Ces aptitudes réduiront l'incidence de comportements contre-productifs à la maison et à l'école. Voici quelques suggestions :

— Apprendre à l'enfant à se détendre au calme, loin de toute distraction extérieure.

— Limiter les divertissements électroniques passifs de sorte que l'enfant puisse se consacrer à la récréation active.

— Apprendre à l'enfant à retarder la gratification, à supporter la privation et à exprimer ses problèmes émotifs (plutôt que de les traduire en actes).

— Souligner et approuver ces comportements simples, comme écouter, obéir aux instructions données, se souvenir, terminer un travail désagréable, tenir une promesse, travailler pour atteindre un objectif, faire attention aux détails, protéger son espace personnel, tenir ses affaires bien rangées, et terminer un travail à temps.

— Insister pour que l'enfant se charge de tâches domestiques régulières, *monotones*, et le féliciter une fois le travail achevé.

— Entraîner l'enfant à prévoir : ralentir le processus de décision pour envisager les conséquences éventuelles de ses actes.

Les parents qui prennent le temps d'enseigner à leur enfant une gestion de soi efficace arriveront à contrecarrer la tyrannie qu'exercent l'impulsion et la stimulation sur la vie de cet enfant. *Parce qu'il acquiert un sentiment accru de maîtrise de soi, l'enfant réparera l'estime de soi abîmée.*

À propos des médicaments

Les médicaments psycho-stimulants ont des effets bénéfiques sur plusieurs enfants qui ont reçu un diagnostic de TAD. Ce traitement psycho-stimulant présente toutefois une contrepartie négative, ainsi que des effets secondaires néfastes : maux de tête, maux d'estomac, insomnie, dépression. Et un problème plus important se pose : *l'usage de plus en plus fréquent de tels médicaments chez les enfants non pas dans le but d'améliorer leur maîtrise de soi, mais en vue de faciliter le contrôle institutionnel*. On recommande parfois une évaluation pour déceler le TAD dans l'espoir qu'on prescrira des médicaments «pour calmer l'enfant». Mais le fait que les enfants sous médicament soient plus malléables ne suffit pas à justifier la prescription de ce régime chimique.

Si une première évaluation établissait un bilan positif, et que les parents souhaitaient éviter une erreur de diagnostic, ils pourront obtenir une seconde opinion indépendante. Et du fait de la complexité du syndrome, ils devront bien se renseigner à son sujet. Il existe une excellente ressource :

Keys to Parenting a Child with Attention Deficit Disorder (Voir Suggestions de lecture).

PRÉSERVER L'ESTIME DE SOI À L'ADOLESCENCE

CHAPITRE 19

LA DURE MOITIÉ DE LA CROISSANCE
Les pièges sur le chemin de l'indépendance

La puberté marque le début de l'adolescence (de neuf à treize ans) : le garçon ou la fille s'oppose aux anciennes restrictions et réclame plus de liberté. L'adolescence s'achève de dix à douze ans plus tard, lorsque le jeune homme ou la jeune fille a désormais acquis un sens des responsabilités suffisant pour vivre de manière plus autonome (de dix-huit à vingt-trois ans).

Cette transition de la dépendance infantile à l'indépendance du jeune adulte ne se produit *pas* instantanément. La route est longue et ardue, jalonnée de nombreux bouleversements : hauts et bas, succès et échecs, avancées et régressions. Et cette évolution sidérante remplit les parents d'espoir un instant, pour les exaspérer l'instant d'après.

Anticiper certaines des transformations normales aidera les parents à garder leur équilibre au cours des années chaotiques de l'adolescence, et à surveiller attentivement certains *écueils du développement* en cours de route.

Les périls de l'adolescence pour l'estime de soi

Les quatre stades de l'adolescence sont marqués par les difficultés propres à la croissance, car la jeune personne se livre à des comportements autodévalorisants nuisibles à l'estime de soi. Il revient aux parents d'avoir conscience de ces comportements et de les contrer.

Premier stade : le début de l'adolescence (de neuf à treize ans)

Le début de l'adolescence marque la séparation d'avec l'enfance. Le jeune, qui ne se satisfait plus désormais d'être défini et traité simplement comme un enfant, cherche à grandir, à changer, sans toutefois savoir comment. À cette époque de la vie, en proie à de l'agitation et à la contrariété, le garçon ou la fille, de façon caractéristique :

— affiche une *attitude plus négative* (il critique les autres et se plaint de la vie) ;

— devient plus *rebelle activement et passivement* (il discute et obéit plus lentement) ;

— se livre à ses premières *expériences avec l'interdit* (il met les règles et les limites à l'épreuve pour voir ce qu'il peut se permettre).

À ce stade, *la jeune personne peut se rebeller contre son intérêt personnel uniquement pour le plaisir de s'opposer.* Les comportements perturbateurs en classe caractérisent ce péril. En paroles ou en actes, l'adolescent refuse de se plier aux règles, par principe d'autodétermination : « Pourquoi ferais-je ce qu'on me dit de faire quand je n'en ai pas envie ? » Malheureusement, *cette défiance s'avère autodévalorisante parce qu'elle appelle des conséquences (expulsion de la classe, visite chez le directeur) qui nuiront à l'apprentissage.* Les notes, pilier de l'estime de soi, chutent. Avec orgueil, et cependant par malheur, le jeune admettra : « Ma spécialité, ce sont les bêtises ! »

Face aux choix rebelles de leur enfant, les parents auront peut-être une réaction envahissante, voire gênante. «Si tu ne reconnais pas t'être mal conduit pendant les cours, je compte venir à l'école, m'asseoir avec toi pour t'aider à t'occuper de tes affaires en classe.»

Second stade : milieu de l'adolescence (de treize à seize ans)

Au milieu de l'adolescence, le jeune se plaindra moins de l'injustice subie du fait que ses parents circonscrivent sa liberté personnelle ; il contestera davantage leur aptitude à le faire. L'enjeu de l'intensification et de la multiplication des conflits qui en résulte est en réalité l'acquisition d'une plus vaste expérience du monde lui permettant de grandir. Car l'enfant s'oppose davantage aux restrictions et réclame plus d'autonomie. Débute alors la période la plus tumultueuse de l'adolescence.

À ce stade, *la jeune personne recourra à un comportement équivoque afin d'obtenir la liberté désirée sur le plan social*. Le mensonge caractéristique du milieu de l'adolescence est un exemple courant de ce danger. Par omission et parce qu'on le leur demande, les adolescents mentent afin de faire ce qui leur est interdit et pour se soustraire aux conséquences s'ils sont pris en défaut.

Gagner sa liberté par le mensonge revient cependant à emprunter maintenant pour payer plus tard. Dans la plupart des cas, les gains ne valent pas le coup, car le mensonge est lourd de conséquences. Du point de vue psychologique, *le mensonge est un comportement autodévalorisant grave, car il entraîne des dommages sérieux à l'estime de soi*. Examinons quelques-unes des atteintes : le menteur n'a pas la confiance en soi nécessaire ni le courage d'affronter la réalité. Il a un comportement de plus en plus fuyant, par crainte d'être découvert. Par sa malhonnêteté, le menteur laisse s'installer une distance et la méfiance entre lui et ceux qu'il aime. Il ment pour couvrir un mensonge, confond ses histoires, et finit par perdre le contrôle.

Pour réprimer le mensonge, les parents prendront position pour la vérité. Par conséquent, chaque fois qu'ils surprennent l'adolescent à mentir, ils devront lui exprimer les sentiments que son mensonge provoque en eux. Ils offrent ainsi à l'adolescent l'occasion d'avouer la vérité. Ils expliqueront les torts que le mensonge a causés à leur vie ensemble. Ils prescriront des sanctions — brève interdiction de sorties, tâches additionnelles —, pour s'acquitter de cette infraction sérieuse. Pour finir, ils rétabliront la confiance en vue d'offrir à l'adolescent l'occasion de vivre avec eux en toute sincérité.

Troisième stade : fin de l'adolescence (de seize à dix-huit ans)

Vers la fin de l'adolescence, les doléances et la négativité des débuts de la puberté, les conflits intenses et les fuites incessantes du milieu de cette période de transition s'estompent enfin. Désormais, l'autonomie véritable point à l'horizon. Il ne s'agit plus simplement des rêveries romanesques du jeune adolescent, mais bien d'une réalité qui donne à réfléchir. L'adolescent perçoit dorénavant l'indépendance sous un jour plus réaliste : la séparation d'avec la famille s'accentue, ses responsabilités s'alourdissent, on attend de lui plus d'autosuffisance. En y songeant bien, l'indépendance véritable est terrifiante pour le grand adolescent.

À cette période, le jeune défaillira peut-être face à l'indépendance, il fuira le défi plutôt que de le relever et de progresser. *La réticence à passer à la prochaine étape* en est un exemple fréquent. De peur de délaisser ce qui le sécurise et lui semble familier, de peur d'affronter l'inconnu et ce qu'il n'a pas mis à l'épreuve, le grand adolescent retardera son départ, notamment en faisant traîner ses préparatifs.

Cet atermoiement n'est pas une tendance à vouloir tout remettre au lendemain. Il ne s'agit pas de différer quelque chose d'indésirable, mais d'une dérobade face à l'inévitable. C'est ainsi que les demandes d'emploi ou d'entrée à l'université restent inachevées, cependant que le lycéen affecte de croire que l'avenir n'existe pas. Il y a cependant un prix fort à payer : *refuser l'évolution s'avère autodévalorisant parce que se dérober à la croissance mine l'estime de soi.* À un moment où le grand adolescent devrait déborder de projets et d'espoir, le voilà pétrifié par l'angoisse.

À ce point, le soutien parental devient nécessaire. Les parents aideront leur fils ou leur fille à vaincre cette réticence. C'est le dernier combat pour le bien de leur enfant : ils rappelleront, insisteront, inciteront, ils iront même jusqu'à aider leur adolescent à terminer le travail ou la préparation à l'entrevue requis pour passer à la prochaine étape. Le fait de quitter le foyer familial sans être entièrement prêt à l'autonomie ne pose pas de problème en soi : on ne s'y attend pas. Les parents peuvent préparer leur enfant seulement jusqu'à un certain point. Ils devront ensuite confier leur fils ou leur fille à la *Réalité*, qui se chargera de lui enseigner le reste.

Quatrième stade : premières expériences d'autonomie (de dix-huit à vingt-trois ans)

Lors de ses premières expériences d'indépendance, la jeune personne découvre, à vivre seule, que le défi est somme toute plus abrupt qu'elle ne l'avait d'abord cru. Pour préserver son autonomie, il y a une foule d'engagements à tenir, et de prime abord, la plupart des jeunes gens n'y arrivent pas en tout temps. Cherchant maladroitement une certaine constance, il est typique qu'ils dérogent de bon nombre de leurs engagements importants, qu'il s'agisse de promesses personnelles, d'obligations financières, d'ententes de crédit, d'accords de location, de règlements locaux, des exigences d'un emploi, ou de normes de l'éducation.

Deux facteurs susceptibles de déstabiliser davantage les jeunes gens viennent noircir encore davantage ce tableau. Premièrement, ils sont entourés d'une cohorte d'amis similairement instables, souvent enclins à remettre à plus tard, à s'amuser et à faire la fête, plutôt que de s'occuper de leurs affaires. Ils se livreront souvent à des comportements délirants, aux limites de l'acceptable. En second lieu, la période de trois à cinq ans après la fin du cours secondaire sera souvent l'époque de leur vie où la consommation d'alcool et de drogues sera la plus importante.

À ce stade, *l'adolescent risque de basculer dans l'excès, au prix de ses responsabilités. L'endettement sur carte de crédit* en est un exemple fréquent. Les jeunes gens abordent «le plastique comme une permission», ils achètent à crédit ce qu'ils ne peuvent s'offrir, et se voient acculés par des créanciers inquiétants à payer, ou à subir les conséquences.

Le jeune adulte devra peut-être alors faire appel à ses parents, pour un emprunt ou pour qu'ils remboursent la dette à sa place. Il jurera qu'il n'aura plus jamais besoin de leur aide. *Mais demander à être secouru des conséquences de ses propres choix irréfléchis est autodévalorisant car refuser de prendre la responsabilité de réparer une erreur diminue l'estime de soi.*

À leur tour, les parents fermes opteront peut-être pour la forme d'aide la plus difficile : le refus d'aider. Ce geste signifie qu'ils respectent l'adolescent et qu'ils sont convaincus qu'il possède les capacités requises pour rembourser la dette résultant de ses dépenses impulsives. L'expérience accroîtra par le fait même sa discipline personnelle et son autonomie.

L'objectif de toute intervention parentale au cours des différents stades de l'adolescence est identique : inspirer une option saine aux comportements autodévalorisants fréquents qui sont susceptibles de saper l'estime de soi des jeunes gens. Et le secret d'une intervention réussie tient à l'absence d'un ingrédient : *la critique ne devrait teinter ni les paroles ni les gestes des parents.*

CHAPITRE 20

LES DIFFÉRENCES DE SEXE
L'impact des définitions du rôle sexuel

Le *sexe* d'un enfant est déterminé biologiquement, mais son *rôle sexuel* ne l'est pas. *Le rôle sexuel est acquis.* Le garçon ou la petite fille apprendra à agir avec «masculinité» ou «féminité», d'abord sous *l'influence des parents, puis des pairs et enfin des médias.*

L'empreinte des parents

Les influences parentales s'ancrent profondément en nous grâce aux liens affectifs qui perdurent des années. Elles s'impriment en nous à travers une myriade d'échanges quotidiens ; elles ne sont pas explicites, mais implicites. Tenues pour acquises, elles ne sont pas remises en question. C'est pourquoi elles sont difficilement repérables, autant pour les parents que pour les enfants. La sagesse de l'âge adulte est souvent ce qui permettra de finalement cerner ces influences.

— Se retournant vers le passé, le jeune adulte remarquera des similitudes avec ses parents qui dénotent une certaine mesure d'*identification* (par exemple, partager leurs intérêts).

— Le jeune homme ou la jeune femme s'apercevra peut-être aussi que l'approche parentale varie selon le sexe de l'enfant (par exemple, en ce qui a trait à la liberté sur le plan social).

— Le jeune se souviendra peut-être que *les attentes des parents* différaient selon le sexe de l'enfant (par exemple, quant à l'éducation).

Ces trois types d'influence participent à l'impact qu'aura le parent sur l'élaboration du rôle sexuel de l'enfant.

Si les parents souhaitent dès le départ moduler leur influence sur le rôle sexuel, ils recenseront leurs préjugés sur celui-ci en complétant les énoncés suivants :

— « Les garçons devraient être… » (ajouter un adjectif)
— « Les garçons ne devraient pas être… » (ajouter un adjectif)
— « Les garçons devraient… » (ajouter un verbe)
— « Les garçons ne devraient pas… » (ajouter un verbe)
— « Les filles devraient être… » (ajouter un adjectif)
— « Les filles ne devraient pas être… » (ajouter un adjectif)
— « Les filles devraient… » (ajouter un verbe)
— « Les filles ne devraient pas… » (ajouter un verbe)

Cet inventaire révèle les croyances et les valeurs des parents quant au rôle sexuel, en quoi ces croyances et ces valeurs diffèrent pour les enfants de sexe féminin ou masculin, et sur quoi s'entendent ou divergent les parents. Il permet surtout de clarifier les définitions admises ou rejetées pour déterminer si elles conviennent à la nature innée (personnalité, tempérament, intelligence) de l'enfant.

Le fait d'imposer à l'enfant un rôle sexuel qui ne lui convient pas peut être extrêmement nocif pour l'estime de soi (par exemple, imposer à un garçon qui n'aime pas tuer d'apprécier la chasse, à l'image de son père ;

d'imposer à une fille qui préfère avoir peu d'amis intimes de chercher la popularité, tout comme sa mère). L'enfant qui n'est pas à la hauteur de ce rôle se sentira mal adapté parce qu'il est différent. Il croira qu'il est une déception, un échec ou inférieur parce qu'il ne se conforme pas au rôle sexuel que présente ou que souhaite le parent.

En général, *il est préférable que les parents gardent une définition du rôle sexuel aussi flexible que possible : il ne faut pas oublier qu'il existe autant de manières d'être femme qu'il y a de femmes sur terre, et autant de manières d'être un homme qu'il y a d'hommes sur terre. Ce qui importe, c'est que chaque enfant parvienne à une définition de son rôle sexuel saine et heureuse pour lui.*

L'influence des pairs

Au début de l'adolescence (de neuf à treize ans), les fréquentations se centrent surtout sur les groupes de pairs du même sexe : les garçons recherchent d'abord la compagnie des garçons, et les filles prennent plaisir à fréquenter des filles. Les expériences au sein de ces cercles possèdent un impact considérable sur l'élaboration du rôle sexuel, car les membres se *conforment* aux normes de leur cellule d'appartenance et apprennent de leurs camarades comment l'autre sexe se *compare* à eux.

Ces premières fréquentations auront des répercussions profondes. Dès le début ou le milieu du secondaire, les caractéristiques définissant les rôles sexuels sont clairement établies, et elles divisent l'ensemble des traits humains en deux : une série appropriée pour les hommes, une autre qui convient aux femmes. Voici à quoi pourrait ressembler la liste de ces différents traits : *les mâles sont habituellement plus* robustes, intrépides, rebelles, agressifs, compétitifs, et suscitent plus spontanément le conflit ; *les femmes sont généralement plus* sensibles, affectueuses, encourageantes, attentives, elles se confient plus facilement et coopèrent mieux.

Malheureusement, cette différenciation des rôles sexuels déshumanise, car elle restreint la jeune personne à certains traits approuvés, tout en prohibant l'expression d'autres traits. Ainsi, un garçon qui affiche les caractéristiques « féminines » mentionnées ci-dessus semblera efféminé aux yeux de ses pairs, masculins autant que féminins ; alors qu'une fille paraîtra masculine si elle manifeste des traits considérés plus appropriés pour les « mâles ».

En effet, si le rôle sexuel prévoit que les garçons peuvent se mettre en colère, sans toutefois montrer leur souffrance, et que les filles peuvent montrer leur souffrance, sans cependant se mettre en colère, alors on dira du petit garçon qui pleure qu'il est une « mauviette », et de la petite fille qui se fâche qu'elle est « vilaine ». Pire encore, pour se protéger de ces injures si dommageables à leur réputation, et à l'estime de soi, les garçons masqueront peut-être leur douleur sous une colère apparente (jurons), alors que les petites filles dissimuleront leur colère derrière une douleur apparente (pleurs).

Les parents ne peuvent pas superviser les amitiés de leur enfant, ni participer aux échanges quotidiens ayant cours à l'école, mais ils peuvent certainement traiter leur fils ou leur fille comme une « personne entière ». Ils encourageront à exprimer son côté sensible, leur fils viril qui souhaite se montrer plus délicat, et le côté « intrépide » de leur fille très féminine qui aimerait être aventureuse.

Pour finir, le père et la mère doivent savoir que certaines définitions *traditionnelles* du rôle sexuel influent encore sur la différence de socialisation des filles et des garçons. Les garçons mesurent leur valeur personnelle d'après leur *rendement*, la réussite étant l'un des piliers de l'estime de soi. Les filles mesureront leur valeur personnelle d'après leur facilité à nouer des amitiés, le fait d'être *sociable* (être à l'aise en groupe) étant fondamental à l'estime de soi. De ce fait, si un ami rompt une amitié ou déménage, la jeune fille sera probablement plus froissée que ne le serait un garçon ; mais le garçon qui n'est pas admis dans une équipe, ou en est exclu, sera probablement plus blessé que ne le serait une fille.

Sachant à quel point les différences traditionnelles façonnent et limitent le développement du rôle sexuel, les parents appuieront les *deux* sources de l'estime de soi chez leur enfant : la performance et la sociabilité. Si les ingrédients sont équitablement dosés, une fille peut se sentir déprimée parce que ses relations amicales ne vont pas très bien. Ses réalisations fructueuses l'aideront à traverser cette période difficile. Il en va de même pour un garçon découragé par des échecs. Ses proches amis lui seront d'un grand secours lorsque ses efforts ne seront pas couronnés de succès.

L'impact des médias

Les médias – publicité et divertissements populaires – utilisent des *stéréotypes* et des *idéaux physiques* pour capter l'attention de jeunes impressionnables, façonner leurs goûts et les pousser à acheter leur produit. Ils s'efforcent de transformer les *êtres humains* en consommateurs *(acheteurs humains)* à un âge aussi précoce que possible. Ces images commerciales peuvent également être malsaines. Ces stéréotypes et idéaux seront nocifs à deux points de vue :

— Parce qu'ils sont simplistes et exagérés, la définition de l'être humain qu'ils professent est irréaliste.

— Parce qu'ils font miroiter la perfection, ils présentent une norme que nul jeune ne peut atteindre, peu importe les efforts qu'il y mettra.

Malheureusement, du moins pour les jeunes consommateurs, ces images commerciales possèdent un impact considérable sur leur motivation. Elles sont présentées sous un jour très séduisant, et de ce fait, elles façonnent la définition de soi que recherchent les jeunes gens. Il y a par exemple l'image du *héros combatif des films d'action*, un idéal mâle stéréotypé, qui incite les garçons à se mettre à la musculation, même à l'école élémentaire, et à se comporter plus agressivement. Par ailleurs, l'idéal stéréotypé féminin du *top modèle superbe et extrêmement mince*, pousse les filles, dès l'âge tendre, à suivre des régimes pour se sentir séduisantes.

Les jeunes gens qui s'efforcent de se conformer à ces stéréotypes et à ces idéaux en vue d'accroître leur estime de soi se nuisent sérieusement en réalité. En vue de reproduire l'idéal du héros invincible, les garçons défieront l'autorité à l'école, ne suivront pas les règles et se bagarreront. Voilà ce qui expliquerait en partie pourquoi un nombre disproportionné de garçons, par rapport aux filles, font l'objet de mesures disciplinaires, sont suspendus, et décrochent, mettant leur avenir en péril. En vue de se conformer à l'idéal du mannequin, les filles se mettront au régime et jeûneront, ou encore, se gaveront pour ensuite se faire vomir. On constate, en effet, qu'il y a bien plus de filles que de garçons qui souffrent de troubles du comportement alimentaire, ce qui met en danger leur santé, voire leur vie.

Les parents doivent informer l'enfant des stéréotypes et des idéaux physiques que font miroiter les médias. Ils souligneront comment ces images évoquent des modèles inaccessibles et malsains quand il s'agit d'élaborer sa définition du rôle sexuel. Ils expliqueront comment :

— *Ces idéaux sont des fantasmes* et non la réalité ;
— *Ces stéréotypes sont excessivement simplistes*, ils ne sont pas justes ;
— *La perfection est un objectif inhumain* ; on ne s'attend pas à ce que qui que ce soit la réalise.

CHAPITRE 21

HÉTÉROSEXUEL OU HOMOSEXUEL ?
L'orientation sexuelle fait toute la différence

L'orientation sexuelle influe moins sur la définition de soi, la première composante de l'estime de soi, que sur la seconde composante, *l'évaluation de soi*. Pour les jeunes hétérosexuels (attirés sexuellement par les membres du sexe opposé), il est normal d'être à l'aise et assurés quant à leur orientation sexuelle, puisque les normes sociales et culturelles affirment que c'est là ce que les gens sont «censés être». En revanche, les jeunes homosexuels (attirés sexuellement par les personnes du même sexe) ne bénéficient pas du luxe de cette acceptation sociale. Parce qu'ils divergent de la «norme», ils sont sujets à des attitudes et à des traitements discriminatoires susceptibles de pousser le jeune homosexuel, ou la jeune homosexuelle, à se rejeter, un geste dévastateur pour l'estime de soi.

— Victime des *préjugés contre les gais*, des invectives et du ridicule, le jeune se sentira personnellement dévalorisé.

— Victime de la *discrimination contre les gais*, le jeune sentira qu'on le fuit, qu'on le renie, qu'on l'exclut.

— Victime de la *violence contre les gais*, le jeune se sentira menacé, sera peut-être même blessé, par des attaques verbales ou physiques.

Il n'est pas surprenant que tant de jeunes gens taisent leur homosexualité. Ils craignent d'être découverts, se réfugient dans la dissimulation, et leur estime de soi subit de grands dommages : l'isolement, résultat de la solitude de celui qui est différent, et l'autocritique, du fait de ne pas se conformer aux normes hétérosexuelles dominantes.

« Les jeunes homosexuels traversent une crise d'identité et recherchent l'indépendance comme tous les adolescents. Mais ils souffriront en outre de la stigmatisation que la société inflige à tous ceux qui ne sont pas hétérosexuels. Ces jeunes commencent à se sentir attirés par des individus du même sexe, et à la même époque, ils prennent conscience de l'homophobie. Ils en sont témoins dans ses maintes manifestations, que ce soit le stéréotype brutal dont on affuble les homosexuels, les blagues à leur sujet à la télévision, ou les attaques violentes sur les hommes et les femmes gais dans les faits. » (Voir Suggestions de lecture, Fassler et Dumas, p. 108)

Considérations médicales actuelles sur l'homosexualité

Les parents ne doivent pas seulement être sensibles aux difficultés particulières que pose l'homosexualité pour l'estime de soi de l'enfant. Ils doivent aussi se renseigner correctement sur la nature et la fréquence de l'homosexualité.

« [...] *L'homosexualité*, que la profession médicale considérait jadis anormale, n'est plus vue désormais comme un déséquilibre ; on estime généralement que cette orientation sexuelle est présente dès l'enfance. On ne connaît pas la fréquence de l'homosexualité, mais il semble qu'environ 6 % à 10 % des adultes entretiendront des rapports exclusivement homosexuels tout au long de leur existence. Un pourcentage de gens beaucoup plus élevé a fait des expériences homosexuelles à l'adolescence, mais aura opté pour une orientation hétérosexuelle à l'âge adulte.

Les causes de l'homosexualité demeurent inconnues, tout comme celles de l'hétérosexualité. Aucun facteur hormonal, biologique ou psychologique qui contribuerait substantiellement à l'orientation sexuelle d'une personne n'a été identifié. Les homosexuels découvrent qu'ils sont attirés par les gens du même sexe, tout comme les hétérosexuels découvrent qu'ils sont attirés par les gens du sexe opposé. L'attirance semble être le résultat final de facteurs biologiques et environnementaux, et ne résulte pas d'un choix délibéré. C'est pourquoi l'expression populaire « préférence sexuelle » n'a pas de sens dans le cadre de l'orientation sexuelle.

La plupart des homosexuels s'adaptent bien à leur orientation, bien qu'ils doivent surmonter la désapprobation et les préjugés largement répandus socialement. Cette adaptation demandera peut-être du temps et pourrait engendrer un stress psychologique important. Plusieurs hommes et femmes homosexuels connaîtront le sectarisme dans divers milieux et au travail, ce qui aggravera ce stress. » (Voir Suggestions de lecture, Merck, p. 417-418.)

Rapports d'enquêtes sur l'homosexualité

Les jeunes homosexuels de ce pays évoluent dans un monde où les comportements et les sentiments sont profondément anti-gais ; il y est donc difficile de se sentir bien dans sa peau et en sécurité socialement, notamment à l'école.

— Selon « un sondage à l'échelle nationale auprès des adolescents de 13 à 17 ans mené par le *New York Times* et le journal *CBS News*... 58 % des garçons et 47 % des filles disent que l'homosexualité " c'est toujours mal ". » (*New York Times*, 30 avril 1998)

— « L'année dernière, dans un sondage auprès de 4 000 élèves du secondaire au Massachusetts, 22 % des homosexuels interrogés déclarèrent avoir manqué des cours au cours du mois précédent parce qu'ils ne se sentaient pas en sécurité à l'école, et 31 % affirmèrent avoir été menacés ou blessés au cours de l'année précédente. Ces pourcentages étaient environ cinq fois plus élevés que ceux des hétérosexuels interrogés. Le Département de l'éducation de l'université du Massachusetts (Massachusetts Department of Education) mena l'enquête dans 58 écoles. » *(New York Times*, 14 octobre 1998.)

Si les parents ont appris de la bouche de leur enfant qu'il, ou elle, est homosexuel, ils doivent discuter avec ce dernier de l'impact des blagues anti-gais, des insultes, menaces ou des actions dont il, ou elle, aura été témoin, ou même victime, notamment à l'école. L'enfant pourrait avoir besoin qu'on l'aide à ne pas se sentir personnellement visé par le sentiment anti-gai : « Quelque chose ne va pas avec eux, pas avec toi. » Il faudra peut-être intervenir pour le protéger des mauvais traitements, tout comme on le ferait des attaques racistes ou anti-religieuses contre son enfant. *Les parents qui comprennent, acceptent, et prennent la défense de leur enfant gai font beaucoup pour son estime de soi.*

La dépression et le suicide

Le fait d'être un adolescent gai accroît le risque de subir la violence d'*homophobes* dont la *peur de l'homosexualité* se traduira par d'odieuses attaques verbales et physiques ; l'homosexualité augmentera également le risque de s'infliger à soi-même de la violence.

« Ces adolescents (gais) ne souhaitent éveiller ni crainte ni mépris, et ils ne désirent certainement pas perdre le respect et l'affection de leurs amis et de leurs proches. Mais fréquemment, ils réussissent mal à réprimer leurs besoins et leurs désirs sexuels. Parce que les jeunes homosexuels éprouvent de la honte, de la confusion, parce qu'ils se sentent différents et isolés socialement, il leur sera difficile de développer l'estime de soi et le dynamisme indispensables pour parer aux troubles émotifs, notamment à la dépression, qui augmentent leur risque de suicide.» (Voir Suggestions de lecture, Fassler et Dumas, p. 108)

« Le taux de suicide chez les adolescents gais est particulièrement inquiétant... Selon une étude récente, 30 % de l'ensemble des suicides chez les jeunes se produisent parmi les adolescents gais. Et d'après une autre étude sur les hommes gais et bisexuels, près *du tiers* d'entre eux ont admis avoir fait au moins une tentative de suicide [...] Ces problèmes ne résultent pas de l'homosexualité en soi, mais bien de *l'incompréhension* de la société à ce sujet [...] L'homophobie, et non le fait d'être homosexuel, rend la vie des gais difficile... Et la meilleure façon d'être utile est d'enseigner [...] que l'homosexualité n'est ni à craindre, ni méprisable.» (Voir Suggestions de lecture, Pollack, p. 209-210) Le fait d'expliquer à la maison les torts que causent l'humour et les insultes anti-gais (tout comme les injures antireligieuses ou racistes), et de les interdire dans les discussions familiales, dissuaderont les attitudes homophobes chez les enfants.

Que faire quand l'enfant dévoile son homosexualité

Cette clef offerte aux parents s'est d'abord inspirée de l'avis de spécialistes sur la question. En définitive, une source fiable énonce clairement ce que doivent faire les parents lorsque leur enfant divulgue son homosexualité. Voici le conseil de l'Académie Américaine de Pédiatrie (American Academy of Pediatrics) : «L'orientation sexuelle de votre enfant est déjà déterminée dès le milieu de l'enfance. Cependant, puisque auparavant, se présentent peu d'occasions de faire l'expérience de cette orientation, et de l'exprimer, elle ne devient évidente pour la famille qu'à l'adolescence, et même plus tard [...] L'orientation sexuelle est définitive. L'hétérosexualité ou l'homosexualité d'un enfant est inhérente à sa nature. Il vous faudra soutenir et épauler votre adolescent, peu importe son orientation sexuelle. » (Voir Suggestions de lecture, Schor, p. 138-139)

LES SABOTEURS DE L'ESTIME DE SOI

CHAPITRE 22

L'OPPRESSION SOCIALE
Quand une minorité est désavantagée

Selon l'Académie américaine de pédiatrie : « Une atmosphère teintée de préjugés est nuisible aux enfants. Les préjugés créent une tension sociale et émotive, et peuvent engendrer la peur, l'anxiété, et à l'occasion, l'hostilité et la violence. Les jugements défavorables et la discrimination saperont l'estime de soi et la confiance en soi chez ceux que l'on ridiculise ; ils se sentiront malheureux, rejetés, dévalorisés. » (Voir Suggestions de lecture, Schor, p. 162) Voyons quelques exemples des formes qu'ils prennent :

— Au terrain de jeux, on imite un enfant retardé mentalement, et l'on se moque de lui en disant qu'il est « lent ».

— Une jeune fille entamant une puberté précoce doit subir les railleries sexuelles et les attentats à la pudeur des garçons dans les corridors, lorsqu'elle se rend à ses cours.

— D'année en année, un groupe d'élèves issu d'une minorité culturelle ne se voit pas adéquatement représenté sur les comités scolaires.

— Un garçon trouve dans son casier un message haineux qui l'attaque dans ses croyances religieuses, et le menace.

— Un élève est exclu d'une activité hors programme parce que sa famille ne peut s'acquitter des frais pour les déplacements, les vêtements ou l'équipement requis.

— Les élèves qui appartiennent de naissance à la communauté attendent et reçoivent un placement privilégié à l'école, par rapport aux élèves immigrants qui sont considérés moins compétents en raison de leur maîtrise médiocre de la langue locale.

— Un professeur parle de « ces gens », usant de stéréotypes négatifs pour décrire un groupe dans une classe où des membres de ce groupe sont présents.

— Un enfant obèse, affublé d'un surnom faisant référence à son poids, se voit fui et choisi le dernier lors de la formation d'équipes.

Grand nombre d'enfants seront maltraités, d'abord à l'école, du fait d'être *différent*s de la majorité dominante. Et quand cela se produit, les parents aussi se sentent victimes. Quelles sont les différences individuelles sujettes à la maltraitance sur le plan social ? Malheureusement, il en existe une foule, liées soit à l'apparence personnelle, au fonctionnement mental, au fonctionnement physique, au milieu économique, au sexe, à l'orientation sexuelle, à la langue maternelle, à l'ethnie, à la race, aux croyances religieuses, pour n'en citer que quelques-unes.

Les parents qui voient leur enfant critiqué, exclu, menacé, bousculé parce qu'il est différent de la majorité à l'école peuvent imaginer ce qui se passera du fait de grandir affublé d'un statut minoritaire dans une société

— dont les normes dominantes sont contre eux,
— qui offre des perspectives d'avenir d'un accès inégal,
— dont la sécurité est mal assurée par la protection publique.

L'oppression sociale, c'est l'action d'une majorité dans tout système social visant à maintenir la « différence » ou le désavantage de certains individus minoritaires, inférieurs, exclus, en danger. (La « majorité » ici n'est pas déterminée par le nombre, mais plutôt politiquement, soit par son influence sociale dominante, soit par son pouvoir économique.)

Les répercussions de l'oppression sociale sur l'estime de soi

Il existe *trois vecteurs de l'oppression sociale*, tous aussi dévastateurs pour l'estime de soi.

1. Les manifestations du *préjugé*, habituellement sous forme de stéréotypes négatifs, indiquent à la victime qu'il est d'un «type» inférieur ; elles visent l'évaluation de soi de la personne, une composante de l'estime de soi. Le préjugé dérive d'une généralisation basée sur une *expérience négative* unique (trompé par une personne, on décide de se méfier de tous les membres du groupe auquel appartient cette personne), ou sur l'ouï-dire (une personne de confiance de «notre» clan révèle ce qu'«ils» sont tous ; et l'on accorde spontanément foi à l'informateur). *Le préjugé opère en suscitant le rejet de soi :* les victimes en viennent à croire le jugement que la société porte sur eux. Ainsi, les jeunes gais acceptent difficilement leur homosexualité à cause de ce que la majorité hétérosexuelle les incite à croire. Témoins de convictions, de blagues et d'attaques contre les gais des années durant, dans la société et à l'école, ils auront acquis des préjugés contre eux-mêmes.
2. Les actes de *discrimination*, qui prennent d'habitude la forme de l'obstruction ou de l'exclusion, empêchent la victime d'épanouir son plein potentiel, et limitent ainsi sa définition de soi, l'autre composante de l'estime de soi de la personne. Dans la mesure où la discrimination est désormais illégale, elle se fait d'autant plus discrète, moins flagrante : on invoque diverses «raisons» pour refuser à quelqu'un une position méritée. *La discrimination opère en bloquant les ouvertures* : les victimes sont limitées par ce qu'on leur interdit de faire. Ainsi, les élèves qui

entrent à l'école secondaire avec une connaissance limitée de la langue d'usage se retrouveront dans les cours de niveau «allégé»; leur piètre maîtrise de la langue de la majorité sera utilisée pour restreindre ce qu'on leur permet d'apprendre.

3. Ces gestes de *harcèlement*, qui prennent d'habitude la forme de menaces ou d'attaques, éveillent chez la victime un sentiment de danger personnel. Les efforts du jeune à l'école se détournent de l'apprentissage pour se centrer sur sa survie; l'estime de soi est ainsi compromise parce qu'il sacrifie ses performances académiques. Un seul incident peut avoir un impact terrifiant («Si ça peut arriver à l'un de nous, ça peut nous arriver à tous.»). Le *harcèlement opère par l'intimidation*, il pousse les victimes à vivre dans la peur au point que, souvent, elles n'osent pas rétablir ce qu'elles savent être une injustice. Ainsi, les jeunes femmes sujettes à des avances sexuelles malvenues à l'école — commentaires, injures et pressions à caractère sexuel, gestes indécents, attouchements, attentats à la pudeur — «font état de symptômes similaires à ceux des victimes de viol: colère, peur, sentiment d'impuissance, honte, critique de soi, perte de l'estime de soi, culpabilité, confusion, dépression, gêne.» (*Vocational Education Journal*, mars 1993, p. 30) «L'Association américaine des femmes universitaires [...] rapporte que 70% des filles sont victimes de harcèlement et 50% ont été victimes d'attouchements malvenus à l'école. Un tiers des jeunes filles rapportent que des rumeurs sexuelles circulent à leur sujet, et un quart disent avoir été acculées et molestées [...] Le harcèlement sexuel sévit le plus souvent dans les salles de cours et les corridors de nos écoles. Plusieurs jeunes filles évitent de parler par crainte que le harcèlement ne s'aggrave.» (Voir Suggestions de lecture, Pipher, p. 71-72)

Ce que peuvent faire les parents

Afin d'aider l'enfant victime du préjugé, de discrimination ou de harcèlement, les parents doivent comprendre comment opère l'oppression sociale. Les trois vecteurs de l'oppression se soutiennent mutuellement dans leur œuvre de destruction. Les idées reçues et la discrimination peuvent toutes deux servir à justifier leur existence respective. Le préjugé dit : « Comme tu es inférieur, tu ne devrais pas avoir le droit de faire ce que la majorité est libre de faire. » (La discrimination est donc justifiée.) La discrimination dit : « Comme tu ne fais pas ce que la majorité fait, tu dois donc être inférieur. » (Le jugement défavorable est donc légitime.) Le harcèlement dit : « Tu ferais mieux de te taire sur ce qui se passe, sinon tu vas le regretter. » (La prévention et la discrimination restent donc incontestées.) Par ailleurs, dans un système régi par une majorité, on accuse souvent la victime minoritaire (« Elle l'a cherché, faut voir comment elle s'habille ») et l'auteur majoritaire est disculpé (« C'est un bon garçon, et après tout, c'est un garçon »).

Le fait de grandir avec un statut minoritaire dans un système régi par une majorité implique que l'enfant doive surmonter les cloisons sociales que sont le préjugé, la discrimination et le harcèlement. Même si l'individu minoritaire arrive à gagner une certaine acceptation, à obtenir une mesure de succès ou une position sociale, les forces de l'oppression demeureront cependant un fait de la vie quotidienne. La prévention de la majorité, par exemple, pourra encore entraîner son lot d'humiliation : « Sa réussite ne fait que démontrer qu'elle est l'exception à la règle, la plupart des minorités ne méritent pas cette position. », « La seule raison qui explique pourquoi on l'a choisi, c'est qu'il bénéficie d'un traitement de faveur ; si on ne lui avait pas accordé de privilège, il n'aurait jamais été admis. » Voici ce que peuvent dire les parents à leur enfant minoritaire, peu importe l'étiquette dont on l'affuble : « Pour réussir aussi bien qu'une personne du monde dominant, il est probable que tu seras jugé sur des critères plus stricts, que tu auras à faire deux fois plus d'efforts, et que tu aies à subir le mépris de la majorité à cause de tes réalisations.»

Advenant que l'enfant soit victime des *préjugés de la majorité*, les parents devront apporter un *soutien psychologique*. «Ce qu'ils disent de toi ne t'appartient pas. Ils sont en cause, ce qui agit c'est leur ignorance, leur désir d'être méchants.» L'enfant pourra également réfléchir à la maxime d'Eleanor Roosevelt : «Personne ne peut t'humilier sans ton consentement.»

S'il advenait que l'enfant soit victime de *discrimination*, les parents devraient lui enseigner la revendication. «On viole tes droits, et nous allons trouver quelqu'un qui défendra ta cause pour réparer l'injustice que tu as subie.»

S'il advenait que l'enfant soit victime de *harcèlement*, les parents devraient lui offrir une aide sur le plan social. «Nous parlerons aux responsables afin de mettre un terme à ce traitement, pour que tu sois en sécurité à ton école.»

Si les parents sont victimes de l'un des trois vecteurs de l'oppression sociale, ou s'ils l'ont été, ils peuvent partager avec leur enfant les moyens qu'ils ont découverts pour composer avec le préjugé, la discrimination et le harcèlement.

Pour finir, il faut considérer cette éventualité : dans les écoles où les préjugés, la discrimination et le harcèlement entre divers groupes ont libre cours, il est possible que les victimes se vengent des mauvais traitements que les autorités auront permis en recourant à la violence.

CHAPITRE 23

LA DÉPRESSION
Quand disparaît le sentiment de valeur personnelle

Le terme *dépression* se réfère à un état d'accablement grave où la personne stagne émotionnellement ; elle est piégée par le chagrin, le désespoir, l'impotence et la colère, et est dépourvue de l'énergie, ou de la détermination indispensables pour effectuer des changements positifs. *Une estime de soi médiocre est fréquemment corollaire à cet état douloureux et invalidé.*

Il y a quelques années encore, le mythe prévalait que la dépression ne touchait pas les enfants. Après tout, quelle raison pourraient-ils bien avoir de déprimer ? Leur existence est protégée, simple, aisée. On comble pour eux leurs besoins. Leurs journées sont remplies de jeux et de plaisir. Ils sont à l'abri des responsabilités découlant de l'autonomie. Ils échappent aux pénibles épreuves que connaissent trop bien les adultes. Ils sont encore trop petits pour se laisser vraiment abattre. Cela est faux à tous points de vue. L'enfance n'est pas immunisée contre les vicissitudes de l'existence et ses contraintes accablantes peuvent induire la dépression. *Les enfants sont tout aussi susceptibles à la dépression que le sont les adultes.*

La dépression chez les enfants

Un élève du secondaire pourrait souffrir de dépression après qu'une récente virée lui a coûté sa place dans l'équipe de première catégorie, et lui ait fait perdre l'approbation et son statut social. Accablé par ces conséquences négatives, l'adolescent désespéré s'en prendra à son *évaluation de soi*, il se blâmera, ce qui sape son estime de soi : « Je viens de détruire tout ce qui m'importait le plus. J'ai déçu tout le monde. Je ne suis qu'un raté ! » *Si la perception qu'on a de soi est dominée par le regret, la critique, la culpabilité, la honte, alors le sentiment de valeur personnelle risque d'être anéanti.*

Contrairement au chagrin, qui est de nature transitoire (« Les malheurs peuvent me déprimer, mais pas à jamais. »), la dépression semble devoir se prolonger sans espoir et sans recours. Parmi les symptômes fréquents chez les enfants, on compte les comportements ci-dessous :

— Fuir ses amis ;
— S'isoler de la famille et moins communiquer ;
— Une tristesse importante qui s'exprime en paroles ou par des pleurs ;
— Ne plus apprécier les activités qu'on aimait, et même s'en détourner ;
— Manifester plus de colère et susciter plus de conflits au sein de la famille ;
— S'attirer des ennuis à l'école et avec la loi ;
— Formuler des critiques générales sur soi-même ;
— Troubles du sommeil ;
— Perte de l'humour ;
— Usage de stupéfiants ;
— Ne plus se préoccuper de son apparence ;
— Perte d'appétit, ou appétit excessif ;
— Chute des résultats scolaires ;
— Perte ou gain de poids important ;
— Fatigue chronique ;
— Pessimisme grandissant quant à l'avenir ;

— Comportement imprudent : excès de vitesse au volant, prouesses physiques, promiscuité sexuelle ;
— Automutilation ;
— Expression créative centrée sur le côté sombre de l'existence.

La dépression chez les deux sexes

Les enfants des deux sexes apprendront à gérer différemment leurs émotions, notamment la souffrance. On incitera les filles à l'accepter et à l'exprimer, alors qu'on poussera les garçons à la nier et à la réprimer. (Le contraire est tout aussi vrai en ce qui concerne la *colère*, une émotion que l'on permet aux garçons d'exprimer et pas aux filles.) Consciente que la sensibilité et la vulnérabilité sont des qualités féminines, la petite fille pourra afficher sa dépression. Mais parce qu'on lui apprend qu'il est viril de se montrer dur et agressif quand il souffre, le petit garçon pourrait ne manifester qu'indirectement qu'il est déprimé. Les parents doivent être attentifs à ces signes différents, surtout chez les garçons : « Parce qu'ils se sentent contraints de dissimuler leur douleur… la tristesse et la dépression sont plus difficiles à identifier chez les garçons que chez les filles. » (Voir Suggestions de lecture, Pollack, p. 311-313)

C'est pourquoi les parents, en vue de déceler les *symptômes émotifs de dépression chez leur fille*, devront surveiller les manifestations suivantes : tendance à pleurer pour rien, abattement, culpabilité, découragement, manque d'intérêt, isolement, critique de soi, apathie, défaitisme, résignation, angoisse. Pour déceler les *symptômes émotifs de la dépression chez leur fils*, les parents devront surveiller les manifestations suivantes : colère, hostilité, blâme, cynisme, tendance à l'antagonisme, agression sociale, sarcasme, irritabilité, défiance, désobéissance, tendance à l'emportement.

Les causes de la dépression

La dépression est un mal complexe auquel plusieurs facteurs peuvent concourir : prédisposition génétique, déséquilibre chimique cérébral, manque de contacts sociaux en bas âge, mauvais traitements émotionnels, physiques ou sexuels, déformation cognitive de la réalité, perte significative ou revers du destin important, pressions ou stress excessifs, « ou des atteintes répétées à l'estime de soi ». (Voir Suggestions de lecture, Pollack, p. 308)

La dépression anéantit souvent la capacité d'une personne d'affronter la vie et augmente le risque de se faire du tort à soi-même. De ce fait, les parents feraient bien de recourir à une aide professionnelle si leur enfant venait à en souffrir. Ils devront garder à l'esprit que, puisque les causes en sont multiples, il faudra peut-être plusieurs consultations auprès de psychologues et de psychiatres afin d'en déterminer les facteurs.

De nos jours, dans nombre de cas, pour déterminer le traitement efficace, il faudra établir le juste alliage de psychothérapie et de médicaments antidépresseurs. Le rôle des médicaments est double :

1. Réduire certains des symptômes aigus douloureux ou d'angoisse ;
2. Libérer les énergies de la personne afin qu'elle apprenne par la psychothérapie comment mieux vivre avec elle-même, avec les autres et dans le monde.

Le suicide et la violence envers les autres

Le danger suprême que comporte la dépression est que le sentiment de valeur personnelle soit anéanti au point que la jeune personne en vienne à croire que la vie ne vaut pas la peine d'être vécue. Le comportement autodestructeur se présentera alors comme une option valable pour faire cesser la souffrance. « Un adolescent sur quatre connaîtra un épisode grave de dépression avant son dix-huitième anniversaire [...] La majorité des enfants qui tentent de se suicider souffre de dépression sévère [....] Le taux de suicide parmi les adolescents a plus que doublé au cours des trente dernières années, ce qui fait du suicide la seconde cause de décès chez les enfants de quinze à dix-neuf ans.» (Voir Suggestions de lecture, Fassler et Dumas, p. 2-3)

Bien que les filles attentent à leurs jours plus souvent que les garçons, ces derniers réussissent plus fréquemment peut-être parce qu'ils optent pour des moyens plus efficaces et rapides (les fusils, par exemple) que ceux que choisissent les femmes (les médicaments, entre autres). Les garçons succombent également à l'archétype culturel du *mâle héroïque*. Ce credo dicte que *pour être un homme, il faut à tout prix paraître fort et être dur, ne pas parler de son chagrin, garder ses problèmes pour soi, être autosuffisant, ne pas admettre sa peur ni la laisser paraître, ne jamais refuser le risque ou un défi, être capable de boire autant ou plus que quiconque, manifester la colère par des actes plutôt qu'en paroles, ne pas montrer sa faiblesse en demandant de l'aide, préserver son orgueil plutôt que d'admettre la fragilité humaine, et se montrer agressif dans les sports de compétition (gagner), les sports de contacts (frapper) et les sports sanglants (chasser).* Il est parfois très difficile pour grand nombre de garçons qui se conforment à ce code de conduite «masculine» de trouver des moyens non violents, constructifs d'assumer une douleur importante.

Voici comment se déroule l'un des scénarios les plus fréquents menant un jeune à se suicider :

1. Il sombre dans un *état dépressif* à cause d'un échec ou de la perte d'une amitié. (C'est pourquoi les parents doivent prendre au sérieux les pertes ou les échecs significatifs, et susciter une discussion sur les sentiments douloureux.)
2. Il *s'isole psychologiquement ou socialement* pour dissimuler son manque d'estime de soi. (C'est pourquoi les parents doivent offrir plus de soutien et le pousser à s'affirmer.)

3. En proie à la *pensée déformée*, il exagère son désespoir et son sentiment d'impuissance. (C'est pourquoi les parents doivent offrir un point de vue réaliste.)
4. Il a recours aux stupéfiants pour anesthésier sa douleur, et risque ainsi de succomber à l'impulsivité. (C'est pourquoi les parents doivent refréner l'usage d'alcool, de drogues et de médicaments, et faire appel à un thérapeute s'ils ne peuvent pas discuter de manière constructive des souffrances avec leur enfant.)
5. Il a *à sa disposition un moyen de faire cesser la souffrance en mettant fin à ses jours*. (C'est pourquoi les parents doivent mettre à l'abri tous les objets de la maison qui sont potentiellement dangereux.)

Lors d'une dépression, l'estime de soi décline dangereusement. Si une peine normale ne se dissipe pas et que des symptômes de dépression apparaissent, les parents doivent demander une évaluation psychiatrique ou psychologique de la situation. Mieux vaut errer par excès de prudence que par excès d'espérance.

Pour finir, toute violence émanant de la dépression ne mène pas au suicide. Elle peut se tourner vers l'extérieur, sous forme de maltraitance, et aller jusqu'au meurtre, *notamment chez les garçons, qui sont responsables de la grande majorité des crimes violents*. À l'esprit dépressif du jeune adolescent, la vie (la sienne ou celle d'autrui) paraîtra sans valeur. C'est ainsi que se suicider ou tuer l'autre semble constituer une solution valable pour venger sa souffrance ou mettre fin à une douleur intolérable.

CHAPITRE 24

L'USAGE DES INTOXICANTS ET LA DÉPENDANCE
Quand l'automédication endommage l'estime de soi

Selon des études faites à l'échelle nationale et menées par l'Université du Michigan, à la fin du secondaire la plupart des adolescents s'étaient adonnés aux drogues et à l'alcool à divers degrés. L'âge auquel débute la consommation de substances toxiques est extrêmement important car plus tôt commence l'usage, plus s'accroît la probabilité future d'usage excessif ou de dépendance. C'est pourquoi les parents seront avisés de faire tout ce qui est en leur pouvoir, même recourir à la persuasion et à l'interdiction s'il le faut, pour gagner un maximum de temps. *Plus tard débutera l'usage des stupéfiants, moins l'adolescent courra le risque d'en faire un usage dangereux.*

Parmi les adolescents, les substances intoxicantes de prédilection sont les inhalants, la nicotine, l'alcool et la marijuana. La nicotine conduit généralement à l'usage de drogues : les fumeurs adolescents sont plus enclins à expérimenter d'autres drogues et à faire un usage dangereux de l'alcool que ceux qui choisissent de ne pas fumer (selon le sondage *National Household Survey on Drug Abuse* de 1998).

Degrés de gravité de l'usage des substances intoxicantes

L'usage de la drogue comporte cinq degrés de gravité que les parents devront surveiller. Aucun de ces stades n'est sans danger, et ils s'aggravent graduellement : *usage expérimental, usage récréatif, usage excessif, usage abusif, dépendance*. Bien que les trois premiers stades comportent un certain danger physique, les deux derniers sont particulièrement nocifs pour l'estime de soi. Comment définit-on ces stades ?

— Le premier stade, *l'usage expérimental*, est l'essai d'un intoxicant à quelques reprises pour en faire l'expérience. Une fois la curiosité satisfaite, le besoin ou le désir d'en consommer disparaît. « J'ai fumé de la mari, mais ça m'a laissé indifférent. »

— Au second stade, *l'usage récréatif*, on consomme la substance pour le plaisir, en bonne compagnie, et avec modération (de sorte qu'à l'avis de l'usager ou d'autres personnes, cela ne pose pas de problème). L'usager maintiendra une conscience suffisante de lui-même pour évaluer avec précision les effets. « Je prends une ou deux bières quand je sors avec mes amis, juste assez pour me détendre, mais pas suffisamment pour perdre le fil des événements. »

— Au troisième stade, *l'usage excessif*, on consomme à l'occasion jusqu'à l'intoxication. L'adolescent s'enivre. « Parfois, le plaisir de boire, c'est de se saouler. »

Pour un pourcentage significatif d'adolescents, la consommation ne dépasse pas les trois premiers stades. En revanche, un autre pourcentage passera à un ou deux autres stades d'usage plus dangereux : *l'abus de drogues*, et *la dépendance*. On ne sait pas clairement pourquoi certains jeunes gens, qui en consomment, réussissent à éviter les deux derniers stades et les autres pas. S'il y a dans les antécédents familiaux une pharmacodépendance remontant à une ou deux générations, alors l'enfant présente un risque accru de développer des problèmes liés à la drogue. L'héritage génétique et peut-être un apprentissage social semblent participer à cette prédisposition. *Dans tous les cas, l'usage de drogues ou la toxicomanie possède un effet également nocif sur l'estime de soi de l'enfant.*

La toxicomanie et l'estime de soi

L'abus de drogues et d'alcool, le quatrième stade, se caractérise par *deux effets pernicieux* : *la disparition de l'intérêt* et *les mauvaises décisions (sources de problèmes)*. Ces deux contrecoups sapent l'estime de soi :

1. S'il existe un motif sous-jacent à l'abus de drogue ou d'alcool, c'est bien celui de provoquer l'*indifférence* : « Je me fiche de ce que j'aimais ou de ce que je croyais. », « Je ne me soucie pas de ce que je fais aux autres ou de ce qu'ils pensent de moi. », « Je ne me préoccupe pas de ce que je fais, ni comment je le fais. », « Peu m'importe de m'intégrer ou de suivre les règles. », « Je me fiche de ce qui arrivera par la suite. » Préserver son estime de soi exige de bien s'occuper de soi-même et de sa vie parce qu'on juge que ces deux éléments en valent la peine. C'est pourquoi cette indifférence écorche la définition de soi (« J'ai délaissé beaucoup de choses qui m'étaient chères. ») et l'évaluation de soi (« J'avais une piètre opinion de moi-même. »).
2. *Les décisions sources de problèmes.* La perte d'intérêt entraîne une foule de décisions qui s'avèrent, au bout du compte, catastrophiques. L'enfant recourra au mensonge pour s'adonner aux interdits et pour échapper aux conséquences. Il passera outre aux règles à la maison et à l'école, et aux lois de la société. Il prendra des risques exagérés. Il blessera les siens en paroles ou par ses actions. Il laissera l'impulsivité et le désir de gratification immédiate gouverner sa raison. Les notes souffriront, les engagements ne seront pas tenus et les emplois négligés.

Suite à cette accumulation de décisions fâcheuses, l'image de soi et le sentiment de valeur personnelle périclitent. («J'ai tout raté encore une fois. Tout le monde m'en veut. Je ne réussis rien!»)

Pour finir, ces deux caractéristiques de l'abus de substances toxiques, l'indifférence et les décisions fâcheuses, peuvent s'associer l'une à l'autre. L'indifférence pousse à négliger les conséquences, et les mauvaises décisions se multiplient. Avec cette accumulation d'erreurs, l'indifférence devient l'unique façon d'aborder les suites de plus en plus négatives.

Afin de casser ce cycle de toxicomanie, les parents devront inciter l'enfant à prendre ses *responsabilités*, pour que ses décisions se fondent sur le respect de soi et l'intérêt personnel. Les parents recourront à deux méthodes pour rétablir le sens des responsabilités; sur le coup cependant, ni l'une ni l'autre de ces stratégies n'éveillera beaucoup de gratitude chez leur fils ou leur fille.

En premier lieu, ils laisseront l'enfant subir les conséquences de ses mauvaises décisions et se rattraper, et ils éviteront de l'excuser ou de le secourir des ennuis encourus. En second lieu, ils restreindront ses libertés, puis exigeront que l'enfant mérite de nouveau ces privilèges en faisant preuve d'un comportement plus responsable à la maison, à l'école, et dans la vie en général.

La dépendance et l'estime de soi

Le cinquième stade, *la dépendance*, implique que l'usager en vienne à dépendre compulsivement de l'usage autodestructeur des drogues pour survivre. Le *déni* sous-tend l'autodestruction causée par la dépendance. De ce fait, les manifestations du déni constituent un bon indice de la dépendance: «Ce n'est pas vraiment un problème. Et puis, je peux m'arrêter quand je veux.» Le ressentiment aussi sous-tend l'autodestruction causée par la dépendance, et donc les manifestations du ressentiment constituent de même un bon indice de la dépendance : « N'importe qui boirait s'il avait à encaisser tout ce qui me tombe dessus. » Deux composantes de la dépendance s'avèrent extrêmement nocives pour l'estime de soi : *la perte de contrôle* et *les comportements autodévalorisants*.

1. *La perte de contrôle*. Une perte de contrôle s'opère à mesure que progresse l'usage d'expérimental à récréatif, de l'excès à l'abus et jusqu'à la dépendance. Au tout début, la consommation est régie par la volonté de la personne, mais par la suite, elle sera dictée par le besoin impératif physique et psychologique.
En dépit des protestations de l'usager, cesser ce qui est désormais une habitude autodestructrice peut s'avérer extrêmement difficile. Il rationalise (cette fois sera la dernière), et pourtant sa décision de cesser s'effondre face à la compulsion. La puissance du désir met en déroute la volonté, encore et encore. L'existence du jeune toxicomane devient de plus en plus chaotique, car il résiste de moins en moins à la séduction de la substance qui lui permet de se sentir bien, ou moins mal. Contre toute raison, et face à des problèmes s'aggravant, il continue à prendre de la drogue. De plus en plus sous son empire, *la perte de contrôle sur sa vie décroît l'estime de soi.* « Je n'ai aucune volonté. Je suis faible. Je suis un échec. Je me hais de me sentir aussi impuissant. »
2. *Les comportements autodévalorisants*. Les jeunes toxicomanes en voie de guérison découvrent souvent que la dépendance aux drogues est le dernier de leurs problèmes. Ils se rendent compte qu'en adoptant le mode de vie de la dépendance, en consacrant l'essentiel de leur énergie à satisfaire leur besoin, ils se sont accoutumés à une manière d'être qui leur était étrangère. Ils sont désormais assujettis à un ensemble de comportements qui renforcent la dépendance, et qui, lors de la guérison, deviennent contre-productifs. Voici quelques-uns de ces comportements fréquents, souvent corollaires à la dépendance :

— *Esquiver les problèmes* plutôt que d'y faire face ;
— *Se débrouiller comme on peut*, plutôt que de se fixer des objectifs ;
— *Remettre à plus tard* plutôt que d'agir immédiatement ;
— *Se livrer aux extrêmes*, plutôt que de pratiquer la modération ;
— *Valoriser l'excitation*, plutôt que d'apprécier le quotidien ;
— *S'abandonner à l'impulsion*, plutôt que de retarder la gratification ;
— *Duper les gens* pour combler ses besoins, plutôt que d'être franc ;
— *Trouver des excuses* plutôt que de prendre ses responsabilités ;
— *Ne pas tenir ses engagements* plutôt que de tenir ses promesses ;
— *Ne pas achever ce qu'on entreprend* plutôt que de terminer ;
— *Se mentir à soi-même et aux autres*, plutôt que d'affronter la vérité et d'être honnête ;
— *Rabâcher ses doléances tout en accusant les autres*, plutôt que de s'affranchir du ressentiment.

Les comportements contre-productifs diminuent l'estime de soi. « Je n'y comprends rien. J'ai cessé de prendre des drogues, mais ma vie ne s'est pas améliorée. Je tourne en rond. » La sobriété implique l'abstention, mais la *guérison* exige davantage : *apprendre à vivre avec soi-même, avec les autres et dans le monde de manière enrichissante.*

S'il advenait qu'un enfant succombe à la drogue ou à l'alcool au point d'en devenir dépendant, les thérapies, en consultation externe ou en clinique, seraient d'un précieux secours. Elles permettent de circonscrire une période d'abstinence forcée, d'évaluer les dommages, de commencer à guérir les liens familiaux endommagés, et peut-être, de s'engager dans la voie de la guérison. Qu'ils se traitent ou pas, les dépendants de tous âges bénéficieront de l'assistance d'organisations du type Alcooliques Anonymes ; ces organisations permettent que l'abstinence se prolonge et offrent des conseils pour la guérison. Les parents eux-mêmes trouveront un soutien auprès d'associations pour les familles de toxicomanes, en vue d'identifier et d'éradiquer les comportements bien intentionnés qui ont généralement mené l'enfant, et peut-être même eux-mêmes, à cette autodestruction.

Guérir de la toxicomanie et de la dépendance demande toujours le rétablissement de l'estime de soi.

CHAPITRE 25

L'ABANDON ET LA MALTRAITANCE
Quand l'engagement ne tient plus

L'un des besoins primordiaux des enfants, c'est de se sentir en sécurité au sein de leur famille. Ils ont besoin :

— *D'avoir confiance en la constance de leurs parents* (la certitude que les parents ne les abandonneront pas) ;

— *D'être en sécurité aux mains de leurs parents* (la certitude que les parents ne les maltraiteront pas).

Le non-respect de l'un ou l'autre de ces engagements effraie l'enfant (« Qu'est-ce qui va m'arriver maintenant ? »). Il s'agit d'une véritable trahison (« Les parents ne devraient pas se comporter ainsi ! »). Et en outre, l'estime de soi du petit garçon ou de la petite fille risque d'être endommagée à court et à long terme.

À court terme, l'abandon et la maltraitance entraîneront tous deux des sentiments de *rejet*. L'abandon peut être interprété comme un rejet de la valeur personnelle (« Je ne valais pas la peine que mon père reste avec nous. ») et les mauvais traitements pourraient être perçus comme mérités («Si je n'étais pas méprisable, ma mère ne m'aurait pas traité si mal. »).

À long terme, l'abandon et la maltraitance pousseront tous deux l'enfant (même à l'âge adulte) à se priver de ce qu'il désire ardemment (un lien amoureux stable, rassurant, tendre) par réflexe d'autoprotection : il sacrifiera l'intimité pour esquiver d'éventuelles souffrances. Cette *peur de l'engagement* poussera l'enfant à :

— *Garder ses distances* et demeurer détaché ;

— *Quitter la relation* au moindre signe de douleur, ou alors, à provoquer un incident qui justifiera la séparation ;

— *S'assurer de contrôler* tout rapport important, et d'en dicter les conditions.

La conviction que tout lien d'affection est par nature peu sûr et dangereux, et qu'il faut s'en méfier, sous-tend chacune de ces stratégies pour la survie. C'est pourquoi les enfants abandonnés ou maltraités aborderont les rapports humains d'une manière *contre-productive*. Pour ne pas risquer d'être blessés, ils se priveront des bienfaits des relations sérieuses auxquelles ils aspirent. Les adultes qui auront vécu l'abandon ou la maltraitance décideront : « Je ne permettrai à personne de s'approcher de moi suffisamment pour me blesser. »

L'abandon et l'estime de soi

Le fait d'être délaissé par un être aimé significatif, habituellement un parent, constitue l'abandon ; dans une large mesure, l'enfant ne peut plus désormais présumer que ce dernier fera partie intégrante de sa vie. Ce qui engendre *un sentiment permanent et douloureux de l'absence.*

L'abandon peut être conséquent à la *mort* : le parent est emporté prématurément par une maladie fatale. Il peut se produire suite à une *invalidité* : le parent souffre d'une maladie physique ou mentale grave. L'abandon peut être le contrecoup d'un *divorce* : un parent qui n'obtient pas la garde de l'enfant emménage ailleurs et devient moins accessible. Il peut résulter du *déracinement* : la famille déménage si fréquemment que les enfants se sentent déracinés en permanence. L'abandon a lieu suite à un *délaissement* : un parent se déleste d'une responsabilité familiale et coupe tout contact avec les enfants. Il résulte aussi de la *négligence* : un parent s'implique dans un nouveau travail, une nouvelle relation ou une dépendance au détriment de sa famille.

Outre la privation, le rejet ou le sentiment d'être négligé qu'il éveille en l'enfant, *l'abandon affectera sa définition de soi*. L'identité dépend essentiellement des liens que l'individu entretient avec les autres : « Ma famille, c'est une grande partie de ce que je suis. » L'abandon, qui atténue ce sentiment d'être en relation, invalide l'estime de soi. L'enfant se sent « diminué » par rapport à ce qu'il était auparavant, moins complet, parce que privé d'une partie précieuse de lui-même : « Depuis qu'elle est avec mon beau-père, j'ai perdu ce lien si particulier avec ma mère. », « Le fait que mon père soit sorti de ma vie nous a changé tous les deux. », « Chaque fois que nous déménageons, je dois renoncer à une partie de moi-même. »

Les enfants plus âgés qui ont vécu l'abandon disent souvent qu'il leur manque quelque chose ou qu'ils ont un vide à remplir intérieurement. Malheureusement, certains cherchent par des moyens contre-productifs à compenser : surcharge de travail, soif insatiable de biens matériels, séries d'amours passagères, voire consommation de drogues pour fuir leur sentiment de vide intérieur.

Le fait de vivre dans une culture en perpétuel changement aggrave encore la situation. La futilité des modes, les produits de consommation conçus pour ne pas durer, l'instabilité des couples, les innovations technologiques et l'insatisfaction des gens quant au statut quo sont des facteurs qui font obstacle aux liens d'affection profonds pour qui que ce soit, encore davantage pour les enfants de l'abandon. Les gens traitent les objets comme ils se traitent entre eux : *toute personne, comme tout objet, est remplaçable.*

Les parents pourront aider l'enfant qui a subi un abandon en disant : « Certaines choses en toi ne pourront jamais t'être retirées par qui que ce soit : ton tempérament, tes aptitudes et ton amour pour toi-même. Que d'autres personnes t'abandonnent ne peut pas te priver de toi-même. » Par ailleurs, certains parents, inspirés par la foi religieuse, rassureront : « Si tous les gens qui t'aiment, et tout leur amour, t'étaient soudainement enlevés, tu pourrais encore compter sur l'amour. Par le fait même d'être la création de Dieu, tu es aimé. »

Pour guérir de l'abandon, il faut rétablir la confiance en la constance des liens d'affection. La thérapie s'avère moins utile que de nouer des *liens thérapeutiques* avec des figures d'engagement transitoire (amis importants, professeurs, mentors, membres de la famille éloignée). Des rapports humains qui permettront à la jeune personne de réapprendre à faire confiance et à s'engager.

La maltraitance et l'estime de soi

Comme pour la relation d'aide, le rôle de parents comporte cette règle d'or : *Éviter de faire du tort.* La maltraitance des parents à l'égard de l'enfant est susceptible de causer de graves dommages. La maltraitance peut être de nature *verbale* : le parent attaque l'insécurité de l'enfant par des sarcasmes. Elle peut être *émotionnelle* : le parent accable l'enfant par sa colère incessante ou menaçante. Elle sera peut-être *physique* : le parent exprime son irritation par des coups ou des raclées, pour obtenir la soumission. Ou elle peut s'avérer de nature *sexuelle* : le parent manifeste un intérêt sexuel à l'égard de l'enfant ou se livre à des actes sexuels.

En plus des ravages immédiats, *les mauvais traitements influeront sur l'évaluation de soi de l'enfant*, car il s'accuse ou en a honte. Pourquoi se blâmerait-il ? Parce que le parent l'en rendra responsable afin de se délester de la responsabilité : « Regarde ce que tu m'as fait faire ! » Ou encore, l'enfant supposera qu'il mérite le traitement glacial que lui inflige le parent : « Je ne mérite pas d'être aimé. » Et la honte découle de la culpabilité. « Je me sens indigne. »

Que la maltraitance soit sporadique ou continue, l'enfant n'arrive pas à comprendre comment quelqu'un qui est censé l'aimer puisse le traiter avec tant de haine, et si durement. En quête d'une explication, il en viendra souvent à se mettre en cause.

C'est pourquoi un enfant maltraité, qui veut désespérément croire que ses parents l'aiment en dépit de preuves du contraire, se jugera durement : « Je ne mérite pas d'être bien traité. », « Je l'avais cherché. », « Leur attitude, c'est ma faute. », « Je dois m'efforcer de devenir meilleur, pour être mieux traité. »

Ainsi, réagissant aux sévices sexuels infligés par un membre de la famille en qui elle avait confiance, une jeune fille explique : « J'ai réussi à me faire violer. » Cette assertion révèle, d'une part, une estime de soi trop médiocre ne permettant pas d'attribuer la responsabilité à qui elle appartient ; d'autre part, elle démontre que la victime ne croit pas que telle infraction puisse s'être produite sans être méritée. Finalement, elle se réclame désespérément d'une expérience qu'elle n'a pu empêcher. Pour guérir de ce type d'agression, il faut se déresponsabiliser pour ce mauvais traitement de sorte que la culpabilité ne continue pas de miner l'estime de soi.

L'enfant ne porte jamais la faute des mauvais traitements qu'on lui inflige. De fait, si l'un des deux parents perd le contrôle de lui-même lors d'un argument avec un adolescent récalcitrant, l'autre parent peut intervenir auprès de l'enfant : « Même si tu refusais de faire ce qu'on t'a dit, cela n'excuse pas la façon dont tu as été traité. Aucun enfant ne mérite d'être frappé. » Et au conjoint : « Tu dois t'en tenir à des moyens non violents pour composer avec les conflits dans cette famille. »

La thérapie s'avère précieuse en vue d'accélérer le processus du changement chez le parent qui souhaite transformer ses comportements préjudiciables. La clef de cette transformation tient à la *pratique*, l'effort conscient pour substituer une nouvelle attitude à l'ancienne manière de réagir jusqu'à ce que celle-ci devienne plus naturelle que la première.

Réduire les risques de sévices sexuels

Afin de réduire le risque de sévices sexuels, toute attirance sexuelle à l'endroit d'un membre de la famille autre que le conjoint, doit être prise au sérieux. Il faudra chercher de l'aide psychologique sans tarder. Attendre accroît le risque qu'un enfant, l'enfant du conjoint, un frère ou une sœur, soit anéanti sur le plan émotif. Le parent mis au courant de tout attentat sexuel doit de prime abord accorder foi au petit garçon ou à la petite fille, et voir à ce que ce rapport soit immédiatement évalué par un psychothérapeute pour en confirmer la véracité. *Le parent qui nie les sévices sexuels commis par un autre membre de la famille se fait complice du crime.*

Pour que l'enfant victime de tels sévices guérisse, il faudra qu'il retrouve la confiance en sa capacité de marquer des limites sécuritaires à l'intérieur de liens affectifs, et de les faire respecter. Il faudra également qu'il sache qu'il est en mesure de se protéger ou de partir si jamais les mauvais traitements semblaient devoir se renouveler.

LES APTITUDES FAVORABLES À L'ESTIME DE SOI

CHAPITRE 26

LE CARACTÈRE ET L'ESTIME DE SOI
Être en bons termes avec soi-même

Qu'est-ce que le *caractère* et pourquoi joue-t-il un rôle dans l'estime de soi ? La force de caractère d'une personne est un mariage de convictions et d'actions, une combinaison des règles de bonne conduite qu'on a apprises et la volonté d'appliquer ces règles au quotidien. Avoir du caractère demande de *l'intégrité :* s'engager à prendre des décisions et à agir en accord avec son code d'éthique.

Une personne de caractère est assez intègre pour vivre selon ses convictions morales :
— *en elle-même* (se montrer *responsable* et *honnête*) ;
— *face aux autres* (traiter les gens avec *compassion* et *respect*) ;
— *dans la société* (prendre parti pour *l'équité* et la *justice*).

Les convictions sur la conduite correcte qui forment la base du caractère d'un enfant sont de sources multiples. Elles tirent leur origine de l'instruction et de l'exemple donnés par les parents, elles s'acquièrent à travers la foi religieuse, par l'éducation formelle, par le biais de la culture populaire et par l'expérience sociale, notamment grâce à l'influence des pairs. De toute évidence, les convictions de sources externes ne concorderont pas toutes avec celles qu'on enseigne à la maison. Les parents devront donc intervenir et réaffirmer leurs valeurs. Leur objectif ne devrait pas être de changer l'opinion de l'enfant, mais plutôt d'offrir leur point de vue pour alimenter la discussion, de sorte que l'enfant apprécie leur position sur la question et ses raisons. S'ils souhaitent que l'enfant revoie son opinion, ils devront éviter de le mettre sur la défensive : « Je sais que la violence dans le film t'a fait rire. Je voudrais te dire pourquoi cela n'a pas été le cas pour moi. »

Une disparité éthique s'installe inévitablement entre deux générations d'une même famille. Elle n'est cependant pas le fait d'une faiblesse de caractère ; elle est plutôt due au fait de grandir dans des circonstances différentes à une époque de perpétuels changements. Les parents qui croient qu'il faut faire l'aumône aux déshérités verront peut-être leurs enfants adultes employer tout ce qu'ils gagnent pour le bien exclusif de leur propre famille.

Par ailleurs, la diversité sociale englobe généralement cette disparité de croyances éthiques. Ainsi, une culture estimera qu'il est juste de venger les iniquités historiques, et de perpétuer les représailles contre leurs ennemis de toujours, alors qu'une autre civilisation songera qu'il est juste de pardonner les injures du passé et de faire la paix avec ses anciens adversaires. *La force de caractère dépend davantage de l'application de l'intégrité (que les actions correspondent au code d'éthique) que d'un ensemble spécifique de valeurs et de convictions.*

La conscience morale et l'estime de soi

L'intégrité, la concordance des décisions et des actions avec le code d'éthique personnel, alimentent la force de caractère ; pour sa part, la *conscience* permet à l'intégrité d'orienter son cours moral. De ce fait, *elle exerce une influence considérable sur l'estime de soi.*

Quand l'enfant agit en toute intégrité, son comportement correspond à ses convictions éthiques, sa conscience morale approuve sa conduite, et il a une bonne opinion de lui-même. Du coup, son estime de soi s'améliore : « Je suis fier d'avoir agi ainsi. », « Je suis bien content d'avoir parlé. », « J'ai bien fait d'avoir refusé de commettre une mauvaise action. » Si l'enfant choisit de *ne pas* agir avec intégrité, son comportement va à l'encontre de son code d'éthique et sa conscience morale s'insurge (et ce, en dépit de quelque satisfaction momentanée). Il a alors une mauvaise opinion de lui-même et son estime de soi décroît : « Je n'aurais pas dû agir ainsi. », « Je n'aurais pas dû dire ces choses. », « J'aurais aimé avoir le courage de dire non. »

Cette dernière assertion offre matière à réflexion. *Les actes qui marquent le caractère sont souvent des actes de courage.* L'enfant fait preuve du courage qu'il faut pour s'opposer à la tentation, pour refuser de suivre les autres, pour affirmer une opinion qui n'est pas populaire, pour choisir la voie plus longue et ardue, plutôt que de prendre un raccourci pour s'esquiver.

Chaque fois que l'enfant fait preuve d'intégrité, qu'il agit selon sa conscience, même s'il doit souffrir au nom de ses idées, alors les parents doivent reconnaître le courage de sa décision, et renforcer les bienfaits apportés à son estime de soi. « Il n'est pas facile de faire les choix justes dans la vie, mais lorsque tu le fais, tu cultives ce qu'il y a de mieux en toi. En agissant selon tes convictions, tu te formes une bonne opinion de toi-même ; c'est cela avoir une solide estime de soi. »

L'adolescence trempe le caractère

À l'adolescence, la force de caractère est continuellement mise à l'épreuve. Le jeune est tenté d'enfreindre les règles de conduite apprises quand il était petit.

— L'adolescent sera tenté de *mentir* pour protéger sa liberté, pour s'adonner aux interdits ou pour éviter de se faire prendre en défaut. Sa force de caractère est mise à l'épreuve, car il doit choisir entre son désir d'une liberté mal acquise et celui de préserver un lien honnête avec ses parents.

— L'adolescent est tenté de *se soustraire à toute responsabilité personnelle*, en se trouvant des excuses ou en rejetant la faute sur autrui, pour échapper aux conséquences négatives d'une mauvaise décision. Sa force de caractère est mise à l'épreuve car il doit choisir entre son désir d'échapper à ses responsabilités et le courage d'assumer ses actions.

— L'adolescent est tenté de *renoncer à des objectifs importants* pour échapper à un labeur ardu qui ne lui plaît pas. Sa force de caractère est mise à l'épreuve, car il doit choisir entre les récompenses de la persévérance et le loisir de ne pas faire d'efforts.

À l'adolescence, l'un des rôles du parent consiste à *rendre le jeune responsable des règles de conduite apprises enfant*. Il ne s'agit pas de le châtier, de le couvrir de honte ou de le culpabiliser s'il ne démontre pas de force de caractère. Le rôle du parent est plutôt d'offrir une boussole morale lorsque la tentation incite l'adolescent à aller à l'encontre de ce qu'il croit juste, à l'encontre de son estime de soi.

Pour aider l'adolescent à surmonter cette mise à l'épreuve, quelques vieux principes éprouvés s'avéreront utiles.

— Ne te compromets pas, puisque tu es ta seule richesse.

— Traite-toi bien en agissant bien autant que tu le peux.

— Si tu veux être satisfait de toi-même, agis selon tes convictions, et sois sincère avec les autres.

— Ne confonds pas force de caractère et réputation : la première est entre tes mains, pas la seconde.

— Le bonheur provient de deux attitudes : obtenir ce que tu désires et faire ce qui est bien. Et le second bonheur est plus durable que le premier.

CHAPITRE 27

LES ÉMOTIONS ET L'ESTIME DE SOI
Précieuses informatrices, mais mauvaises conseillères

Les êtres humains ont à leur disposition *plusieurs moyens de se connaître et de connaître* leur expérience de vie.
- *Par l'intuition :* sentir la mécanique sous-jacente aux événements.
- *Par la spiritualité :* se relier à une présence universelle.
- *Par le monde physique :* voir ou toucher ce qui nous environne.
- *Par l'intellect :* analyser ce qui s'est produit.
- *Par l'émotion :* prendre conscience de sa réaction à un événement.

Voilà des facultés vitales par lesquelles les gens obtiennent de l'information sur leurs mondes intérieurs ou extérieurs. La connaissance des émotions, comme ces autres connaissances, alimentera la confiance. «Je sais ce qui se passe.» *Le fait de comprendre ses sentiments affirmira l'estime de soi car cette compréhension procure un certain contrôle* : «Je suis déçu, je veux simplement rester seul un moment.» L'ignorance produit souvent l'effet contraire, elle engendre la confusion : «Je ne sais pas ce qui me prend!»

Les émotions : de bonnes informatrices

Les émotions *renseignent* les gens sur ce qu'ils ressentent face à une expérience significative. Elles les incitent à réagir soit en s'exprimant (« Je suis vraiment contrarié. »), soit en rectifiant la situation (« Je te prie de ne plus jamais faire cela. »), ou encore en se protégeant (« Je compte rapporter ce que tu as fait. »). Parce qu'ils ont la capacité de renseigner et de pousser à l'action, il est toujours utile d'écouter et d'analyser ses sentiments. Ils disent tous, d'une manière ou d'une autre : « Sois vigilant, quelque chose d'important se passe dans ta vie en ce moment, quelque chose qui mérite peut-être d'y réagir. »

Selon l'effet produit par l'émotion, on tend à la ranger dans les catégories positives ou négatives, même si en soi, elle est neutre. Ainsi, les émotions « positives » compteront la fierté (axée sur l'accomplissement), l'amour (axé sur la dévotion), la joie (axée sur la satisfaction), l'intérêt (axé sur l'attrait), la gratitude (axée sur l'appréciation). En général, les gens accueillent avec plaisir ce type d'émotion. Les sentiments « négatifs », par opposition, suscitent le malaise ; ils comptent la peur (axée sur le danger), la douleur (axée sur la souffrance), le chagrin (axé sur la perte), la colère (axée sur le manquement), la frustration (axée sur l'obstacle).

Éduquer les émotions

Il faut enseigner aux enfants comment identifier et nommer leurs émotions, comment en discuter et les gérer, de sorte qu'elles leur soient bénéfiques, non nuisibles. Les parents sont responsables de cette éducation qui peut comporter les éléments suivants :

1. Pour que l'enfant développe une *lucidité émotionnelle*, les parents lui enseigneront à se sensibiliser par l'écoute. « Si tu es troublé par une émotion forte en toi, mais que tu ne sais pas ce qu'elle est, essaie de te calmer et de tourner ton attention vers l'intérieur. Peut-être enten-

dras-tu une voix intérieure ou verras-tu une image qui te dira ce qui se passe. Pour arriver à reconnaître ses sentiments, il faut s'y exercer. »

2. Pour qu'il ait *confiance en ses émotions*, les parents pourront confirmer que l'enfant est, en fin de compte, le premier à savoir ce qu'il ressent. « Personne n'a le droit de décider ce que tu ressens ou de te dire ce que tu devrais ou ne devrais pas ressentir. Qu'ils plaisent aux autres ou pas, il faut accepter tes sentiments tels qu'ils sont. »

3. Pour qu'il *connaisse ses émotions*, les parents enseigneront à l'enfant comment y associer des étiquettes descriptives — mots, expressions, images — qui les reflètent. « Une fois que tu auras appris à formuler ce que tu ressens, tu pourras décrire tes émotions à d'autres personnes. »

4. En vue de favoriser *une saine communication*, les parents enseigneront à l'enfant que parler de ses sentiments permet de régler bien des problèmes dans la vie. « Si tu peux me dire comment j'ai provoqué en toi ces sentiments, peut-être que je pourrai faire les choses différemment pour ne pas te causer de peine la prochaine fois. »

Les émotions : mauvaises conseillères

Les émotions, notamment les émotions douloureuses, peuvent néanmoins mettre l'estime de soi de l'enfant en péril. Ce risque s'explique par le fait que, *si les émotions sont de bonnes informatrices, elles sont en revanche de piètres conseillères.* Si l'enfant permet à des sentiments douloureux de « régir » sa raison, souvent ce qu'il « croit » pouvoir améliorer une situation produira exactement l'effet contraire. *On permet à l'état émotionnel de dicter le choix cognitif.* Voici quelques exemples fréquents :

— *La dépression* conseille : « Reste inerte », plutôt qu'agir afin d'améliorer les choses dans son propre intérêt.

— *Le découragement* conseille : « Remarque tout ce qui est négatif », plutôt que de rechercher les points positifs susceptibles de procurer une amélioration.

— *La colère* conseille : « Venge-toi », plutôt que de découvrir une manière constructive de rétablir la situation.

— *La peur* conseille : « Fuis », plutôt que d'affronter la menace pour améliorer la situation.

— *Le sentiment d'impuissance* conseille : « Renonce », plutôt que de s'efforcer de transformer la situation.

— *L'esseulement* conseille : « Bats en retraite », plutôt que de se tourner vers les autres pour améliorer sa situation.

— *La timidité* conseille : « Tais-toi », plutôt que de s'exprimer pour améliorer les choses.

— *La honte* conseille : « Ne te révèle pas », plutôt que de communiquer ouvertement pour améliorer les choses.

Pour que les enfants traitent leurs émotions comme des serviteurs bienfaisants qui alimenteront l'estime de soi, et pas comme de mauvais maîtres qui l'écorchent, il faut leur enseigner la différence : « *Emploie tes sentiments pour te renseigner, mais fait appel à ton intelligence pour prendre une décision.* »

CHAPITRE 28

LA PENSÉE ET L'ESTIME DE SOI
Se faire une idée

Comme le suggère le chapitre précédent, si l'enfant apprend à accueillir ses sentiments comme de précieux informateurs, même si les nouvelles sont mauvaises — « Je me sens seul », « Je suis déçu », « J'ai honte » —, son estime de soi en profite grandement.

Les émotions révèlent une vérité sur le coup, et cette lucidité, même si elle est douloureuse, *valide* l'expérience de l'enfant : « Je suis inquiet de ce qui pourrait se passer. » L'émotion simulée ou le mensonge éloignent l'enfant de lui-même : « Je n'ai peur de rien ! » Il est difficile de se sentir en contact avec soi-même et bien dans sa peau si on se nie soi-même. Ce type de fanfaronnades vont à l'encontre de l'estime de soi et poussent les gens à dissimuler aux autres, et à eux-mêmes, ce qu'ils sont réellement.

La pensée est indépendante du sentiment

Si l'enfant sait que les émotions négatives n'entraînent pas forcément de comportements qui les aggravent, son estime de soi s'épanouit. Sachant que les sentiments peuvent s'avérer de mauvais conseillers, l'enfant fera appel à son intelligence (la compréhension et la raison) pour agir de façon à soulager la souffrance : rechercher la compagnie pour vaincre sa solitude, s'adonner à une activité agréable pour alléger sa déception ou s'objecter aux railleries pour atténuer son embarras. Les enfants peuvent apprendre à régir les conseils du cœur par le jugement de la raison.

La pensée : maître des émotions

La pensée est capable de circonscrire les avis de l'émotion. En outre, elle peut influer sur la nature de l'expérience émotionnelle. S'ils saisissent cette interdépendance, les enfants peuvent exercer une influence sur leurs sentiments. Voici trois méthodes pour y arriver :

1. Ils peuvent choisir *ce qu'ils croiront à leur sujet.* Sur le plan émotif, ces deux pensées diffèrent considérablement : « Je suis bien tel que je suis. » (sentiment de valeur personnelle) ou « Je ne serai jamais assez bien. » (sentiment de dévalorisation).
2. Ils peuvent choisir *comment interpréter l'adversité.* Sur le plan émotif, ces deux interprétations d'une action indésirable diffèrent énormément : « Ils ne faisaient pas attention. » (interprétation objective) ou « Ils ont agi ainsi pour m'embêter. » (ressentiment).
3. Ils peuvent choisir *comment envisager l'avenir.* Sur le plan émotif, ces deux formes de prévision diffèrent beaucoup : « Les choses s'amélioreront si je continue d'essayer. » (sentiment d'espoir) ou « Rien de bon ne m'arrivera jamais, peu importe ce que je fais. » (sentiment de désespoir).

La pensée positive ou négative exerce une influence puissante sur l'estime de soi. La pensée négative suscitera l'inquiétude, le pessimisme, l'apathie et l'inertie. La pensée positive fera naître la confiance, l'optimisme, l'enthousiasme et le dynamisme. Abraham Lincoln disait : « Pour être heureux, il faut décider de l'être. »

Gérer le sens

Ainsi, les enfants constateront les effets de chaque type de pensée, et se feront une idée. Face à un événement ou à une conséquence désagréable, les parents doivent se mettre à l'écoute des convictions, des interprétations ou des prévisions de l'enfant quant à ce qui vient de se produire. Par exemple, ils examineront le *sens* qu'il attribue au fait de ne pas avoir été choisi par une équipe sportive, suite à sa déception initiale.

	Sens négatif possible	*Sens positif possible*
Conviction :	« Je suis un athlète médiocre. »	« La compétition était trop forte. »
Interprétation :	« Personne ne voulait de moi dans cette équipe. »	« J'ai fait de mon mieux. »
Prévision :	« Je ne serai plus jamais capable de pratiquer aucun sport. »	« Je vais améliorer mon jeu. »

Les parents aideront l'enfant à accepter les épreuves. Parce que *la perception modifie l'émotion*, ils devront être attentifs au sens que l'enfant attribue aux événements de sa vie. S'ils s'aperçoivent que l'enfant fait appel à la pensée positive pour rehausser son estime de soi, ils devront renforcer cette attitude mentale. S'ils constatent que l'enfant est en proie à la pensée négative, ils lui expliqueront le choix qu'il fait, les répercussions sur ses émotions et lui proposeront ensuite d'autres interprétations sur ce qui s'est produit.

Ils peuvent dire à l'enfant : « Ton état émotif repose en partie sur ce que tu choisis de croire à ton sujet, sur la manière dont tu choisis d'interpréter ton expérience et sur ce que tu envisages. C'est pourquoi, chaque fois que tu te sens malheureux, tu dois t'interroger : "Quel est le fond de ma pensée ?" *La plupart du temps, tu n'as qu'à changer d'idée pour changer ce que tu ressens.* » Puis, offrez-lui une technique pour transformer la pensée. « Les gens se parlent silencieusement en eux-mêmes tout le temps. C'est *le discours intérieur*. Donc, si tu te sens malheureux, sois attentif à ce que tu te dis. Si tu découvres un discours intérieur décourageant dans ta tête, mets fin à ce dialogue et entame plutôt un discours intérieur encourageant à sa place. Et par la suite, continue ce discours positif jusqu'à ce que tu te sentes mieux. »

CHAPITRE 29

LES ATTENTES ET L'ESTIME DE SOI
L'anticipation, la motivation et le sentiment d'adaptation

— L'enfant qui peut *anticiper correctement la réalité*, et ne pas être totalement pris au dépourvu par les événements, en tire un sentiment de maîtrise.

— L'enfant qui peut motiver *positivement son rendement*, et qui persévère, acquiert le sentiment d'être déterminé.

— L'enfant qui vit en *s'acceptant lui-même*, et ne se sent pas menacé s'il n'est pas toujours à la hauteur de ses normes de conduite personnelles, en tire *une satisfaction*.

Tous ces gains sont susceptibles d'améliorer l'estime de soi de l'enfant ; ils découlent de la manière dont le petit garçon ou la petite fille a appris à gérer ses *attentes*.

Les attentes

Les attentes sont des attitudes mentales que les gens créent pour deux raisons :

1. Afin de *se disposer pour la réalité* présente : « Je ferai ce qu'on attend de moi. » ;
2. Afin de *se préparer pour la réalité* à venir : « Voilà ce à quoi je m'attends. ».

S'ils n'ont pas d'attentes, les gens se sentent désorientés dans le présent (« Je n'ai aucune idée de ce que je suis censé faire. ») et craintifs face à un avenir fait d'inconnu (« J'ignore complètement ce que sera cette expérience. »).

L'enfant s'appuie sur trois types d'attentes pour fixer son système de référence pour le présent et pour prévoir l'avenir.

— *Les prévisions* : ce que le garçon ou la petite fille suppose qu'il *devrait* se passer ou qui *va* se produire. « Je vais réussir ce test. »
— *Les ambitions :* ce que le garçon ou la petite fille *désirait* ou *désire* qu'il se passe. « Je voudrais être choisi comme président de classe. »
— *Les conditions :* ce que le garçon ou la petite fille pense qu'il *aurait dû* se produire ou qu'il *devrait* se produire. « Je devrais avoir plus de liberté que mon petit frère puisque je suis plus grand. »

Puisque les attentes relèvent du choix, et ne sont pas innées, qu'elles sont flexibles, et non fixes, *un enfant peut apprendre à échafauder des attentes qui sont à son avantage et qui ne lui nuisent pas.*

Les attentes comme prévisions exactes d'une réalité future

Si l'enfant opte pour des attentes qui correspondent à la réalité des événements, il en tire une certaine assurance. Donc, si sa *prévision* se réalise, et que l'enfant réussisse ses examens, il en retirera probablement un sentiment de sécurité. S'il réalise une de ses *ambitions*, et qu'il est élu président de sa classe, il se sentira comblé. Et si une de ses *conditions* se concrétise, et que l'enfant obtienne plus de liberté que son petit frère, il en tirera de la *satisfaction*. *Les attitudes mentales ont des répercussions émotionnelles.* Si les attentes optimistes en viennent à correspondre à la réalité, l'enfant est heureux. Par le fait même, l'estime de soi s'accroît.

Mais lorsque l'enfant entretient des attentes irréalistes, qui ne collent pas à la réalité qu'il envisage, alors les espoirs brisés engendrent une certaine amertume, nocive à l'estime de soi. Ainsi, l'enfant *s'étonne* et *s'inquiète* d'avoir échoué à l'examen qu'il prévoyait réussir : « Je ne comprends pas comment j'ai pu m'en tirer si lamentablement ! » Si l'enfant n'est pas élu président de classe, ce qu'il désirait, il est déçu et se sent *triste* : « Quelle désillusion de ne pas avoir été choisi ! » Si l'enfant n'obtient pas la liberté demandée, alors qu'une différence de traitement lui aurait paru juste, il se sent trahi et en *colère* : « Ce n'est pas juste qu'on lui accorde les mêmes privilèges alors que je suis plus âgé ! »

Si les parents s'aperçoivent que les attentes de l'enfant ne correspondent pas aux circonstances actuelles, ou à la tournure probable des événements, ils peuvent proposer de les revoir suivant des critères plus réalistes. *Le rôle éducatif des parents est de toute première importance quand il s'agit d'enseigner à l'enfant à se construire des aspirations qui correspondent au présent et qui prévoient des événements plausibles.* Ils pourraient ainsi préparer leur enfant au premier cycle du secondaire : « Les professeurs se montreront plus sévères, moins présents que ceux de l'école élémentaire, pour que tu acquières une autonomie et le sens des responsabilités. Donc, tu dois probablement *t'attendre* à ce qu'on ne te dise les choses qu'une seule fois (prévision), à recevoir moins d'attention que tu l'aurais *souhaité* (ambition), et à ce qu'ils ne t'accordent pas de seconde chance, bien que tu *estimes* qu'ils doivent le faire (condition). »

Quiconque, enfant ou adulte, *continue à entretenir des attentes qui ne correspondent pas à la réalité s'expose à une agression continue ; il connaîtra son lot de consternation et d'inquiétude, de déceptions et de chagrins, de trahisons et de colère.* C'est pourquoi le jeune homme, qui s'attend à ce que sa petite amie revienne alors qu'elle lui a clairement signifié que leur liaison était terminée, ne fait que prolonger sa souffrance en refusant d'admettre ce qu'il ne peut changer. Son malaise s'accroît progressivement avec le temps, et son opinion de lui-même se détériore.

On peut également utiliser le fait de *s'accrocher à des espoirs chimériques pour justifier un comportement malsain*, et nier la réalité de ce qui se passe véritablement. C'est pourquoi une étudiante du secondaire, vivant son premier amour, pourrait accepter d'être maltraitée par son petit ami plus âgé. Les parents affolés, souhaitant éviter toute souffrance à leur fille, se heurtent à une muraille d'attentes irréalistes lorsqu'ils expriment leur inquiétude. Voilà comment la jeune femme défend sa résolution à demeurer amoureuse.

— Sa *prévision*, fondée sur la peur, est celle-ci : « Si je perds cet amour, je serai tellement dévalorisée qu'il me sera impossible de rencontrer quelqu'un d'autre. »

— Son *ambition*, découlant de l'espoir, est celle-ci : « Je voudrais croire que ce geste brutal sera le dernier, et que, grâce à mon amour, les choses vont s'améliorer à partir de maintenant. »

— Sa *condition*, basée sur la culpabilité, est celle-ci : « Tout est ma faute parce que je *devrais* réussir à lui plaire, et à être quelqu'un de bien qui ne mérite pas ces mauvais traitements. »

Les attitudes mentales ont des répercussions sur le comportement. Les gens s'en remettent quelquefois à des désirs irréalistes afin de justifier et de permettre un comportement inadéquat. Les parents peuvent expliquer cette distinction critique : « *Bien qu'il soit important que tes aspirations correspondent à la réalité (que tu acceptes ce que tu ne peux pas changer), il est également important de parfois modifier les faits si tes attentes sont saines (que tu changes ce que tu peux changer).* » Ils pourront ensuite suggérer : « Tu devrais attendre d'un rapport amoureux épanoui que ton attitude à ton égard te plaise, que ton attitude à l'égard de l'autre te plaise, et que son attitude à ton égard te plaise. »

Les attentes pour dynamiser le rendement

Les attentes peuvent également servir à motiver (ou à démotiver) les performances. C'est pourquoi le travail d'entraîneur relève autant de l'intelligence que de l'exercice physique ; c'est l'art d'influer sur l'attitude mentale des joueurs : qu'ils soient convaincus qu'ils *peuvent* réussir, non pas qu'ils ne le peuvent pas. La tâche des parents est d'enseigner à l'enfant à se motiver lui-même à préserver son bonheur, à relever les défis et à persister pour atteindre les objectifs importants. Ils doivent expliquer comment les attitudes mentales, comme les attentes, influent sur la motivation. Ils expliqueront l'ascendant d'attentes optimistes ou pessimistes.

	Attentes stimulantes	Attentes démotivantes
Prévision :	« Je serai capable de réussir. »	« Je ne réussirai jamais. »
Ambition :	« Je veux réaliser mes objectifs. »	« Je ne veux pas essayer. »
Condition :	« Je devrais faire de mon mieux. »	« Je devrais renoncer. »

Les attentes stimulantes incitent à l'effort, rendent plus probables l'obtention de bons résultats et renforcent l'estime de soi. Les attentes démotivantes ruinent les efforts, rendent plus probables les résultats négatifs, et par le fait même, détériorent l'estime de soi. Les parents peuvent expliquer à l'enfant : « Sois convaincu que s'offrent à toi des ouvertures positives, et il est fort probable que tu t'efforceras de réaliser tes aspirations et tes rêves. »

Les attentes et la compétence

Voici une question pertinente que les parents peuvent poser à l'enfant : « *Qui est la personne la plus importante à qui tu dois t'efforcer de plaire ?* » De prime abord, l'enfant citera peut-être des *figures d'autorité extérieure* : parents ou professeurs. Mais les parents cherchent à éveiller chez l'enfant la conscience d'une *autorité intérieure* qui est beaucoup plus importante. Cette autorité régira *l'influence que les attentes de l'enfant exercent sur sa compétence*. Et ils souhaitent aider l'enfant à discerner celles de ses aspirations qui le mènent à s'accepter et celles qui suscitent un sentiment d'insuffisance. *Les attentes conformes aux compétences posent les bases de la vie intérieure de l'enfant au quotidien.*

	Attentes engendrant l'acceptation	Attentes engendrant un sentiment d'inadaptation
Prévision :	« Je ferai ce que je peux. »	« Je n'en ferai jamais assez. »
Ambition :	« Je veux ce que j'ai. »	« J'en veux autant que les autres. »
Condition :	« Je devrais être tel que je suis. »	« Je devrais être tel que le veulent les autres. »

L'enfant peut créer ces attitudes mentales, les attentes, de façon à préserver son estime de soi :

— Il les emploiera pour qu'elles se conforment à la réalité et la prévoir avec exactitude ;
— Il les emploiera pour donner une motivation positive à ses performances ;
— Il les utilisera pour arriver à s'accepter lui-même.

CHAPITRE 30

LE STRESS ET L'ESTIME DE SOI
Préserver son énergie et circonscrire les changements

L e *stress peut s'avérer défavorable à l'estime de soi*, car il sape le sentiment de bien-être.

— La *fatigue* constitue le premier degré de stress : « Je suis exténué, je me sens déprimé presque tout le temps. » À mesure que la fatigue draine l'énergie de la personne, l'horizon s'assombrit ; ce *pessimisme nuit à l'estime de soi*.

— La *douleur* constitue le second degré : « Je me sens mal, je suis irritable. » La souffrance érode le dynamisme de la personne, *son hypersensibilité nuit à l'estime de soi*.

— L'*épuisement* constitue le troisième degré : « Rien ne m'importe plus. » La personne perd tout intérêt et *l'apathie nuit à l'estime de soi*.

— L'*effondrement* constitue le quatrième degré : « Je me sens trop mal pour faire ce que j'ai à faire. » L'invalidité psychologique et physique restreint la capacité normale de fonctionner, et *l'incapacité d'agir nuit à l'estime de soi*.

Les parents qui estiment que le stress est le lot exclusif des adultes s'interrogeront : « Qu'est-ce que le stress a à voir avec les enfants ? » Ils n'auront que partiellement raison.

Les adultes sont enclins au stress essentiellement en raison des impératifs de *l'autosuffisance*. Une foule de responsabilités les accablent, et s'ils ont une famille en plus, la vie d'autres personnes repose sur leurs épaules. Les enfants sont aussi sujets au stress dû aux contraintes de la *dépendance*. Le fait de devoir vivre sous des conditions établies par des autorités adultes implique qu'ils n'ont pas le contrôle sur leurs besoins et les changements qui régissent leur jeune existence.

Définition du stress

Le stress est une *réaction de survie* face à ce qui ressemble à une crise ou à un danger. Il permet à la personne de générer une énergie suffisante pour gérer la situation critique en vue de survivre. Déclenché en réponse à une menace, le stress découle de cette question inquiétante : « Suis-je en mesure d'affronter cette difficulté ? S'il advenait que j'échoue, que va-t-il m'arriver ? » Peu importe le dénouement, *il faudra payer les conséquences du stress*. Une dépense d'énergie excessive épuisera temporairement les ressources physiques et émotionnelles de la personne ; une période de repos et de ressourcement est indispensable pour récupérer.

Contraintes excessives

Le *surmenage* (avoir plus à faire que ne le permettent l'énergie et le temps à sa disposition) est une source fréquente de stress, pour les enfants comme pour les adultes. Les parents expliqueront le lien entre l'excès de contraintes et le stress :

— « Pour répondre à chaque contrainte que les circonstances, qu'une personne ou que toi-même placent sur tes épaules, il te faut dépenser une certaine somme d'énergie. »

— « L'énergie est le potentiel dont dispose une personne pour agir, et elle est en *quantité limitée*. Les gens ne sont pas dotés d'une réserve infinie de cette ressource vitale. »

— « Si les contraintes qui te sont imposées sont inférieures ou égales à l'énergie dont tu disposes, tu seras en mesure d'y répondre. »

— « Si ces contraintes excèdent tes réserves d'énergie, le stress s'ensuivra, car tu forces ton organisme à produire une énergie supplémentaire afin de surmonter la difficulté immédiate. »

Tout remettre à plus tard

Les parents pourront faire le lien entre le surmenage et le stress en identifiant un mal spécifique aux étudiants. Il s'agit d'un stress que se créent les enfants et dont ils viennent à dépendre pour accomplir leurs devoirs : la procrastination — le jeu du « Je reporte. Mais je m'en tire. »

Le professeur donne un devoir à remettre deux semaines plus tard. L'élève trouve cependant le moyen de se mettre dans une situation critique en commençant le projet la veille de la date de remise. Ce qui n'était qu'une simple charge de travail au départ prend l'allure d'une contrainte excessive en raison du report. Parce que l'étudiant l'a *remis à plus tard*, il devra faire appel au stress pour le *mener à bien* à la dernière minute. Dynamisée par l'imminence de l'échéance, et peut-être soutenue par une substance stimulante telle la caféine, la jeune personne passe une nuit blanche à travailler. La pression du délai deviendra la motivation qui servira à vaincre la résistance face à une tâche ennuyeuse. Le stress aura permis au jeune d'accomplir le travail, certes, mais ce dernier ne pourra échapper aux sérieuses répercussions physiques et psychologiques qui s'ensuivront. La fatigue s'installe (« Je suis éreinté. »), peut-être même une certaine souffrance («Je suis complètement irascible, je veux qu'on me laisse tranquille.»). Les enfants ont tendance à éviter ce qui ne leur semble pas agréable, et de ce fait, les parents doivent souligner les coûts de la procrastination : «Plus tu remets une tâche, plus stressant sera l'effort nécessaire pour la terminer. Si tu t'y prends tôt, tu resteras calme et détendu, mais si tu fais le travail à la dernière minute, tu seras anxieux, frénétique, et tu finiras par t'épuiser.»

Deux sources de stress

Les *contraintes excessives* représentent la première source de stress, la *négligence envers soi* constitue la seconde. Dans le premier cas, il y a dépense d'énergie excessive; dans le second, les réserves d'énergie ne sont pas ravitaillées. Les parents souligneront pour leur enfant ces *deux lois de l'énergie individuelle*. La première loi, mentionnée précédemment, affirme: *l'énergie individuelle est limitée*, elle n'est pas intarissable. La seconde loi stipule: *l'énergie individuelle doit être renouvelée*, pour que ses réserves se maintiennent. Toute transgression de l'une ou l'autre de ces lois, soit par une demande excessive, soit par négligence, engendrera le stress.

Préserver son énergie

Les parents peuvent enseigner à leur enfant comment se régénérer ; ils expliqueront et souligneront l'importance des *soins personnels*. Ces activités ne sont pas particulièrement intéressantes, amusantes ou passionnantes; elles pourvoient aux besoins fondamentaux de l'individu afin qu'il puisse vivre, et avoir à sa disposition une énergie suffisante pour faire face aux impératifs du quotidien. L'entretien journalier exige la satisfaction de besoins ordinaires, tels : la prise de repas réguliers, une nutrition adéquate, l'hygiène de base, une relaxation suffisante, des contacts affectueux avec des êtres aimés et un sommeil reposant. Si ces besoins, ou d'autres, sont négligés pendant un certain temps, l'organisme de l'enfant s'épuise et l'énergie ne peut désormais plus suffire aux exigences de tous les jours. Si la négligence se prolonge, alors la déficience se manifestera chez l'enfant par les quatre symptômes de stress, cités plus haut : fatigue (sensation de paresse, de somnolence), douleur (impatience, envie de pleurer), épuisement (sentiment d'indifférence, passivité), effondrement (propension aux maladies, guérison difficile). Le message que doit enregistrer l'estime de soi est : « *Prendre soin de toi assidûment te permettra d'avoir une bonne opinion de toi-même.* »

Les impératifs du changement

Si la vie se limitait à la satisfaction des besoins de l'entretien personnel, il serait beaucoup plus simple de gérer le stress. Elle est cependant un peu plus complexe. Outre les besoins d'entretien continus, il y a les impératifs du changement incessant. Les parents offriront à l'enfant *une définition opérationnelle du changement* qui lui permettra de l'identifier dans sa vie. « Le changement se produit chaque fois que *débute* une situation nouvelle, que se *termine* une situation révolue, qu'une situation se produit *plus* fréquemment, plus intensément, ou qu'elle se produit *moins* fréquemment, moins intensément. »

Nombre de changements sont *volontaire*s : l'enfant choisit de changer en vue d'obtenir une satisfaction personnelle : *entamer* une nouvelle amitié, *cesser* une activité qui n'est plus de son âge, obtenir *davantage* de loisirs, parvenir à une *diminution* des restrictions sociales en grandissant. La plupart des grands changements dans la vie sont cependant *hors de son contrôle*. Ils ne relèvent pas de sa volonté : par exemple, *changer* d'école à cause du déménagement de la famille, *mettre fin* à une liaison romantique parce que l'autre s'est éloigné, se voir *chargé* de responsabilités supplémentaires à la maison en raison du divorce des parents, ou avoir *moins* de contacts avec le parent qui a la garde puisqu'il s'est remarié.

Le *changement* exige une adaptation à des circonstances nouvelles. Il demande donc un *effort hors de l'ordinaire,* pas seulement celui que requiert l'entretien personnel. *Les gens ont un seuil de tolérance limité au changement.* S'adapter à de nouvelles conditions nécessite une grande dépense énergétique et constitue la plus importante source de contraintes excessives et de stress. Une fois qu'ils auront saisi ce principe, les parents inciteront l'enfant à limiter les changements à un niveau qu'il pourra gérer. Le message que doit enregistrer l'estime de soi : « *Éviter de provoquer trop de changements te permettra d'avoir une bonne opinion de toi-même.* »

Les raisons de la vulnérabilité au stress des enfants

Il n'est pas facile pour les parents d'enseigner à l'enfant l'importance de l'entretien personnel et le danger du changement, car il exècre le premier, et accorde trop de valeur au second. À ses yeux, l'entretien exige pour l'essentiel la répétition d'une routine familière, assommante, vieille. Qui ne se lasserait pas de ces impératifs ordinaires ? Où est donc le plaisir ? Le changement pour sa part revêt un attrait particulier pour la jeunesse : il représente l'inconnu, la diversité, la nouveauté, l'exaltation. Qui n'opterait pas pour le changement avec ses stimuli, par rapport à la monotonie de l'entretien ?

Malheureusement, c'est exactement là où la publicité assène sa promotion impitoyable de la nouveauté. Elle offre, diffuse, fait miroiter la dernière mode, les divertissements populaires, le jouet le plus « cool ». Elle exploite inlassablement l'insatisfaction qu'éprouvent les jeunes gens et leur soif de nouveauté. On vend du nouveau aux enfants sans leur dire qu'*ils ont un seuil de tolérance limité pour le changement*, et cela peut leur coûter cher. Ils n'ont pas encore appris comment s'occuper de leur santé ni comment résister à la séduction des bouleversements excessifs. Du coup, ils risquent d'arriver à l'âge adulte plus vulnérables au stress que protégés contre celui-ci. Les coûts trop élevés, et l'absence de bénéfices pour eux, mettront en péril leur estime de soi.

Le message que doit enregistrer l'estime de soi est : « *Plus il y a de changements dans ta vie, volontaires ou involontaires, plus tu dois t'occuper de tes besoins personnels pour renouveler ton énergie.* »

Comment éviter le changement excessif

Les parents peuvent enseigner à leur enfant comment circonscrire le changement. Ils décriront deux types de décisions difficiles, qui demandent toutes deux une même réponse négative.

1. Pour éviter le changement excessif, il faut parfois *savoir dire* « Non » aux autres. « *Si tu passes ta vie à laisser les autres fixer tes limites avec leurs demandes, tu te créeras continuellement un stress considérable.* »
2. Pour éviter le changement excessif, il faut aussi *savoir se dire* « Non ». « *Si tu laisses la tentation régir ton plaisir, plutôt que de faire appel à la modération pour décider de ce qui suffit, ton plaisir sera source de stress.* »

QUESTIONS ET RÉPONSES

Est-ce que toutes les cultures considèrent une forte estime de soi comme un trait sain ?

Pas nécessairement. En effet, les cultures qui mettent l'accent sur la communauté soutiennent le contraire : la valorisation de l'individu peut s'avérer menaçante pour le bien collectif. Ainsi le bouddhisme, l'une des grandes religions du monde, préconise la transcendance de l'individualité pour atteindre un niveau de conscience supérieur. *Le fait qu'une culture voie d'un bon œil l'estime de soi ne signifie pas que ce trait de personnalité soit pour autant une valeur universelle.*

Quel rapport existe-t-il entre l'exercice physique et l'estime de soi ?

Bien que la publicité et les médias préconisent une apparence physique saine, ils proposent en revanche une gamme de divertissements passifs qui favorisent la sédentarité. Un régime d'exercices régulier permet de *préserver* un certain bien-être physique, émotif et mental (voir chapitre 30). En règle générale, il est préférable que les enfants aient un grand nombre de fondements pour leur estime de soi, et l'exercice en est un auquel ils peuvent aisément recourir. L'exercice leur permet d'investir en eux-mêmes, dans leur intérêt personnel, et d'en tirer une bonne opinion d'eux-mêmes.

Une vie sociale bien remplie favorise-t-elle l'estime de soi d'un enfant?

Certains enfants, par tempérament, seront sociables très tôt, alors que d'autres sembleront plus solitaires et introvertis. Un enfant doué d'une solide estime de soi peut également être introverti, prendre plaisir à la solitude et ne fréquenter que très peu d'amis intimes. Il peut néanmoins être salutaire *qu'il s'associe à autant de cercles sociaux que possible*, que ce soit dans son quartier ou dans la famille éloignée, à l'église, par le biais des sports, du bénévolat ou des cercles d'intérêts divers, etc. Avoir des amis à l'extérieur de son établissement scolaire lui sera profitable, car ils sont exempts des stratégies malsaines sévissant à l'école, notamment à l'époque de l'enfance régie par la cruauté mentale (voir chapitre 17). Ainsi, une mauvaise journée en classe ne signifiera pas la fin de sa vie sociale.

La rivalité entre frères et sœur nuit-elle à l'estime de soi?

Cela dépend des raisons qui sous-tendent la rivalité, et de la façon dont elles se manifestent. S'il s'agit d'une *compétition amicale* qui permet à chaque enfant de s'améliorer, alors la concurrence entre frères et sœurs rehaussera l'estime de soi: «Nous nous incitons mutuellement à exceller.» S'il s'agit toutefois d'un *conflit à l'état brut* dont l'objectif est d'affirmer sa supériorité à tout prix, la rivalité entre frères et sœurs nuira à l'estime de soi: «Il faut que l'autre se sente mal et ait l'air d'un imbécile.»

La rivalité entre frères et sœur est plus féroce s'ils sont d'âge rapproché et du même sexe. Puisque la différence entre eux n'est pas assez grande, les enfants se battront pour se distinguer l'un de l'autre de la seule manière qu'ils connaissent: ils rivaliseront pour savoir qui est le meilleur dans ce qu'ils veulent tous deux être (ils partagent la même définition de soi). Pour tempérer cette concurrence, les parents institueront un nouvel objectif: les enfants devront démontrer à quel point ils sont différents l'un de l'autre. On vise ici à les affranchir de cette rivalité afin qu'ils développent des intérêts individuels et des aptitudes uniques à chacun. Favoriser l'épanouissement d'une différence naturelle entre les deux atténuera la tension et l'intense rivalité que cause leur similitude : « Nous nous entendons bien parce que nous sommes complètement différents. »

La compétition avec les parents peut-elle nuire à l'estime de soi ?

Oui, notamment si la compétition vient des parents eux-mêmes, lorsqu'ils tentent de se mesurer à leur adolescent et aux compétences qu'il acquiert. Quelles sont ces compétences ? Beauté physique, prouesses athlétiques, réalisations concrètes, poursuite du bonheur personnel, perspectives d'avenir, pour n'en nommer que quelques-unes. À l'adolescence, la vie de l'enfant s'ouvre sur l'avenir alors que les parents atteignent l'âge mûr et que leur vie commence son achèvement : une réalité difficile à accepter pour certains. Ils constatent les premiers signes de leur déclin, alors que leur adolescent atteint la plénitude du début de l'âge adulte. Cette comparaison douloureuse poussera certains parents anxieux à harceler l'adolescent, à l'humilier pour atténuer la menace qu'ils ressentent. Ce faisant, ils écorcheront l'estime de soi du jeune homme ou de la jeune femme. « Même si je soigne mon apparence, ma mère trouve toujours le moyen de critiquer. », « Même s'il s'agit d'un jeu, mon père se fâche quand il perd. »

Les parents seront bien avisés d'admettre leur jalousie : il s'agit d'une envie naturelle issue du regret. Ils ne regrettent pas ce que l'enfant a gagné en grandissant, mais bien ce que l'âge leur fait perdre.

Les luttes de pouvoir avec l'enfant peuvent-elles diminuer l'estime de soi des parents ?

Oui, si ces conflits les poussent à vouloir changer ce qu'ils ne peuvent modifier. Une irritation continue, des échecs successifs peuvent éveiller un douloureux sentiment d'incompétence. Pour que leurs efforts ne soient pas vains, les parents doivent discerner ce qu'ils peuvent influencer chez leur enfant et ce qui est hors de leur contrôle. L'avis d'un médecin peut s'avérer utile : « En tant que pédiatre, mère et grand-mère, j'ai appris qu'il existe cinq choses que les parents ne peuvent forcer leur enfant à faire : manger, déféquer, dormir, être heureux et devenir la personne dont ils rêvent. » (Marilyn Heins, M.D., *New York Times Magazine*, 7 mars 1999, p. 14)

Les châtiments physiques peuvent-ils détériorer l'estime de soi ?

Tout à fait. Les parents qui font appel aux sanctions physiques pour corriger l'enfant lui prouvent, et se prouvent à eux-mêmes, qu'ils ne sont pas assez intelligents pour exercer leur influence et se faire comprendre d'une autre manière, et ce, en dépit de leur âge et de leur expérience. « La force prévaut » est le message que perçoit l'enfant. Il rêve du jour où il sera assez grand pour esquiver les bousculades de ses parents. Le parent prétend enseigner le respect envers l'autorité, mais le jeune n'apprend que le mépris : « Ils croient pouvoir me brutaliser et me frapper simplement parce qu'ils sont plus grands. »

Il faut se souvenir du point de vue de l'Académie américaine de pédiatrie au sujet des punitions physiques : « La fessée peut soulager l'irritation des parents dans l'immédiat, et réprimer le comportement indésirable pour un certain temps. Mais il s'agit là de la forme de discipline la moins efficace ; sur le plan émotif, elle nuit à la fois au parent et à l'enfant. Non seulement peut-elle entraîner des blessures physiques, mais en outre, elle démontre à l'enfant que la violence est acceptable s'il faut discipliner ou exprimer sa colère. Elle met temporairement fin à un comportement, sans toutefois proposer de solution. Elle nuit également à l'établissement de la confiance, d'un sentiment de sécurité et d'une communication saine. (Les coups deviennent souvent une forme de communication.) Elle fait souffrir psychologiquement, et fait naître le ressentiment [...] Le châtiment corporel est rarement efficace, s'il l'est jamais. Le parent y fait appel parce qu'il est incapable d'assumer efficacement sa propre colère, sa propre frustration. Il fait donc appel à cette agression inappropriée. Si le comportement hostile de l'enfant se heurte à son tour au comportement brutal du parent, la situation se détériore, elle ne s'améliore pas. » (Voir Suggestions de lecture, Schor, 1995, p. 196, 207)

Quels signes de piètre estime de soi les parents doivent-ils surveiller chez leur enfant ?

Il s'agit de signes possibles, pas définitifs mais suggestifs, et non concluants. Voici toutefois quelques manifestations indiquant que l'estime de soi de l'enfant est médiocre :

— L'enfant qui aspire à la perfection se décourage lorsqu'il commet des erreurs tout à fait normales.

— L'enfant cherche à prouver que « rien ne cloche » chez lui.

— L'enfant se compare, favorablement ou défavorablement, aux autres.

— L'enfant s'excuse spontanément si quelque chose ne va pas, même s'il n'a rien à voir avec le problème.

— Lors d'une dispute, l'enfant tient à avoir le dernier mot.

— L'enfant est incapable d'admettre avoir mal agi ou de s'en excuser sincèrement.

— L'enfant sent impérativement le besoin de trouver des prétextes pour justifier qu'il ne réussit pas aussi bien qu'il le souhaiterait.

— L'enfant préfère s'abaisser plutôt que de reconnaître avoir bien réussi quelque chose.

— L'opinion de l'enfant sur lui-même dépend du fait de plaire aux autres.

— L'enfant renonce dès le premier échec plutôt que de tenter de nouveau le coup.

— L'enfant accuse les autres pour ce qu'il a fait de mal.

— L'enfant s'approprie les succès des autres.

— L'enfant triche, ment ou vole pour combler ses besoins.

— L'enfant refuse d'accepter les compliments ou d'en faire.

— Le sentiment de valeur personnelle de l'enfant dépend de biens très coûteux ou de meilleure qualité qu'il possède.

— L'enfant sent le besoin de diminuer les efforts ou les accomplissements des autres.

— L'enfant dépense de l'argent pour les autres, mais pas pour lui-même.

— L'enfant ne dit pas ce qu'il pense par crainte de susciter un désaccord.

— Pour se sentir bien, l'enfant doit toujours obtenir ce qu'il veut.

— L'enfant fait appel à l'alcool ou aux drogues pour avoir de l'assurance en public, pour affronter les défis ou pour se soustraire à des sentiments douloureux.

— L'enfant continue à subir des traitements qu'il considère douloureux ou malsains.

— L'enfant refuse de tenter sa chance par crainte d'échouer.

— L'enfant ne peut refuser si des amis le poussent à mal se conduire.

— L'enfant se livre à des comportements autodestructeurs.

Est-il possible d'avoir trop d'estime de soi?

Cela est tout à fait possible. Les gens qui ont une trop haute opinion d'eux-mêmes se croient supérieurs, ont toujours raison, s'attendent à une considération et à un traitement spéciaux, ne tolèrent aucun désaccord, connaissent tout (ou du moins tout ce qui vaut d'être connu) ; ils croient mériter qu'on fasse à leur guise et qu'il leur revient de diriger la vie des autres. Nombre de tyrans, de petite ou de grande envergure, depuis l'enfant gâté jusqu'au despote sadique, possèdent une estime de soi démesurée, au détriment des autres. *L'humilité* («Je ne suis ni plus ni moins spécial que le reste des gens. ») et la *réciprocité* (« Je crois aux rapports à deux sens où les besoins de chacun sont pris en compte et comblés sur un pied d'égalité. ») sont les meilleurs antidotes à une estime de soi exagérée.

Existe-t-il une recommandation simple pour préserver une solide estime de soi ?

« L'estime de soi est le sujet de l'heure […] C'est une question qui me semble fondamentale. Si tu veux te sentir satisfait de toi-même, il faut faire des choses dont tu pourras être fier. Nos sentiments découlent de nos actions. » Voilà ce qu'affirme Oseola McCarty, une blanchisseuse qui a offert la somme totale de ses économies, 150 000 dollars, pour financer des bourses à l'Université du Mississippi du Sud (*New York Times*, 28 septembre 1999, p. C 31).

GLOSSAIRE

Abandon : expérience douloureuse d'être délaissé par un être cher.

Adaptation à une surcharge de stimuli : réaction peut-être conditionnée culturellement que les enfants peuvent présenter en grandissant dans une société qui expose à une stimulation technologique excessive ; ces enfants développent une série de comportements similaires à ceux du TAD.

Adolescence : stade de croissance où la progéniture quitte l'enfance (vers l'âge de dix à douze ans) et qui la mènera à revendiquer l'autosuffisance du jeune adulte huit à dix ans plus tard.

Attente : attitude mentale que les gens utilisent afin de se créer un système de référence pour le présent et pour anticiper les événements à venir.

Baisse des notes au début de l'adolescence : diminution des performances scolaires, vers la fin du cours élémentaire ou au début du secondaire. L'adolescent est distrait et insatisfait au point que l'énergie qu'il investissait auparavant dans son travail sert désormais à s'y opposer.

Dépendance : assujettissement compulsif à une substance ou à une activité destructrice permettant de survivre.

Dépression : état d'abattement grave caractérisé par la stagnation émotive. Le malade se sent piégé, désespéré, impuissant, en colère, dévalorisé ; il manque d'énergie et de motivations pour effectuer des changements positifs.

Entraînement punitif : tactiques basées sur l'humiliation, l'intimidation et la contrariété. Cette stratégie est utilisée par bien des entraîneurs, notamment avec les élèves du secondaire, afin de contrôler et motiver les joueurs.

Inhibition de l'expression : processus qui consiste à réprimer sa créativité par crainte d'être intimidé ou de se rendre ridicule.

Maltraitance : comportement de la part d'un parent qui cause des dommages à l'enfant sur le plan émotif, verbalement, physiquement ou sur le plan sexuel, et qui met en péril son bien-être et sa sécurité.

Redoublement : décision de faire reprendre une année à un élève en raison de ses résultats scolaires insuffisants ou de son immaturité.

Refus de passer au stade subséquent : vers la fin de l'adolescence (de seize à dix-huit ans), l'adolescent retarde sciemment les préparatifs lui permettant d'accéder à l'indépendance par crainte de ne pas être prêt à en assumer les responsabilités.

Trouble de l'attention déficitaire (TAD) : affection qui se caractérise par une faible capacité d'attention, par l'impulsivité, la distraction, et une énergie turbulente que l'enfant contrôle difficilement.

SUGGESTIONS DE LECTURE

BRIGGS, Dorothy Corkille. *Your Child'Self-Esteem*, New York, Doubleday, 1970.

FASSLER, David G. et Lynn S. DUMAS. *Help Me I'm Sad*, New York, Viking Penguin, 1997.

FLACH, Frederic. *The Secret Strenght of Depression*, New York, Bantam, 1975.

McNAMARA, Barry et Francine. *Keys to Parenting a Child with Attention Deficit Disorder*, Hauppauge, New York, Barron's Educational Series, 1993.

MERCK Research Laboratories. *The Merck Manual of Medical Information*, West Point, Pennsylvania, The Merck Manuals Department, 1997.

PICKHARDT, Carl E. *Keys to Parenting the Only Child*, Hauppage, New York, Barron's Educational Series, 1997.

——. *Keys to Raising a Drug-free Child*, Hauppage, New York, Barron's Educational Series, 1999.

——.*Keys to Single Parenting*, Hauppage, New York, Barron's Educational Series, 1996.

―――· *Keys to Succesful Stepfathering*, Hauppage, New York, Barron's Educational Series, 1997.

―――· *Parenting the Teenager*, P.O. Box 50 022, Austin, Texas 78 763, 1983.

―――· *The Case of the Scary Divorce*, Washington, D.C., Magination Press, The American Psychological Association, 1997.

PIPHER, Mary, Ph.D. *Reviving Ophelia – Saving the Selves of Adolescent Girls*, New York, Ballantine, 1994.

POLLACK, William. *Real Boys*, New York, Random House, 1998.

SCHAEFER, Charles E. et Howard L. MILLMAN, Ph.D. *How to Help Children with Common Problems*, New York, Penguin, 1981.

SCHOR, Edward L. *Caring for Your School-Age Child*, New York, Bantam, 1995.

SELIGMAN, Martin E. P. *The Optimistic Child*, New York, Harper Collins, 1995.

STEINBERG, Laurence et Ann LEVINE. *You & Your Adolescent*, New York, Harper & Row, 1990.

INDEX

A
Abandon
    et estime de soi, 8, 10, 23, 33, 38, 43, 45, 47, 49, 53, 58, 74, 79-80, 103, 112, 114, 136, 140, 143, 147, 161-162, 168, 170, 175-177, 179-183, 185, 187, 189, 191, 193, 195, 197, 199, 201
Abus de drogues et d'alcool (voir aussi dépendance)
    et estime de soi, 8, 10, 23, 33, 38, 43, 45, 47, 49, 53, 58, 74, 79-80, 103, 112, 114, 136, 140, 143, 147, 161-162, 168, 170, 175-177, 179-183, 185, 187, 189, 191, 193, 195, 197, 199, 201
    stades de, 128, 132, 160
Adaptation à une surcharge de stimuli, 120, 209
Adolescence
    début de, 29, 39, 107, 127-128, 135, 203, 209
    fin de, 9-10, 46, 57, 64, 130, 181, 202, 210
    milieu de, 16, 129-130, 143
    périls pour l'estime de soi, 34, 128
Aide
    rétributions, 87, 94
    s'aider soi-même, 80
    se sentir « bon à quelque chose », 79

Ambitions, 188
Amour, 9, 12, 21, 52, 60, 62-63, 108-109, 170, 180, 190
Approbation, 16, 18, 21, 28, 38, 43-47, 58, 74, 108-109, 154
Argent
    et image de soi, 82, 162
    et respect de soi, 85, 162
    et sentiment de valeur personnelle, 8, 84, 162
    limiter, 121, 198
Argent gagné
    mesures de sécurité à la maison, 36
    périls de l'apprentissage, 33
Attentes
    et sentiment d'adaptation, 187
    pour dynamiser le rendement, 191
    trois types d', 134, 188

B
Blâme, 12, 18, 91-92, 100, 155
Brute, 112, 114

C
Caractère, 8, 10, 47, 88, 90, 150, 175-178
Changement, 29, 169, 197-199
Châtiment
    constructif, 68, 71, 101

Châtiment corporel, 205
Communication, 9, 51-53, 55, 65, 115, 181, 205
Compétence
    et le blâme, 18, 91
Compétition
    avec les parents, 61, 203
    rétributions de, 94
    risques de, 33, 98, 172
Comportements autodévalorisants, 24-25, 38, 41, 128, 132, 163
Comportements autovalorisants
    et abus de drogues et d'alcool, 161
    et dépendance, 10, 159-163, 165
    et pensée, 10, 183, 185
    et ressemblance, 9, 43, 45, 47
    et stress, 10, 193-195, 197-199
Concept de l'estime, 8, 11
Concept du soi, 16
Conditions, 15, 168, 188-189, 194, 198
Conscience, 7, 63, 128, 140, 160, 176-177, 179, 192, 201
Contraintes excessives, 194, 196, 198
Convictions
    autodévalorisantes et autovalorisantes, 25
    parentales, 45, 70, 74, 133
Coopération, 61, 63, 70-71, 97
Cours d'appoint, 110
Courtoisie
    le modèle et l'éducation, 60
    les grandes choses ne suffisent pas, 59
    petits gestes de considération, 58
Créativité
    ennemi de, 89, 91
    pour tous, 22, 81, 149
Cruauté sociale, 10, 111-115

D
Défiance, 128, 155
Définition de soi, 9, 16-17, 21, 29, 31, 38, 44, 51, 63, 81, 111, 137, 139, 149, 161, 169, 203
Dépendance
    ce que peuvent faire les parents, 9, 151
    signes de, 7, 203, 205
Dépression
    causes de, 141, 156
    chez l'enfant, 18, 38-39, 41, 77, 80, 192, 197, 205
    et homosexualité, 142
Développement du rôle sexuel
    influence des parents sur, 113
Discours intérieur, 186
Discrimination, 46, 139, 147, 149, 151-152
Douleur, 73, 136, 155, 157-158, 168, 180, 193, 197
Drogues (voir dépendance)
    toxicomanie, 119, 161-162, 165

E
Éducation, 23, 33, 35, 60, 73, 92, 98, 120, 131, 134, 142, 175, 180
Effondrement, 193, 197
Entraînement punitif, 100-101, 210
Entretien personnel, 197-198
Estime de soi
    définition, 9, 15-17, 21, 29, 31, 38, 41, 44, 46, 51, 53, 56, 63, 81, 111, 135, 137-139, 149, 161, 169, 194, 197, 203
    des parents, 9, 28, 31, 33-35, 37-41, 43-47, 68, 70, 86, 88, 90, 100, 107-109, 113, 115, 132-134, 170-171, 189, 191, 198, 203-204
    et abandon, 10, 167-169, 171
    et attentes, 10, 187, 189, 191-192
    et caractère, 150, 175, 177-178
    et émotions, 179-181, 185
    et maltraitance, 10, 158, 167-171

et s'aider soi-même, 80
questions et réponses, 201, 203, 205, 207
responsabilité de, 16, 21, 23-24, 30, 53, 64-65, 72, 92, 107, 132, 170
Épuisement, 193, 197
Évaluation de soi, 16, 18-19, 22, 29, 31, 63, 81, 111, 139, 149, 154, 161, 170
Explication, 71, 89, 120, 171
Exploitation, 54

F
Fatigue, 45, 154, 193, 195, 197
Fessée, 204
Filles
definition du rôle sexuel, 135, 138
dépression chez, 154-155
harcèlement sexuel, 150
Fin de l'adolescence, 46, 130, 210
Franchise, 52-54, 56

G
Garçons
définition du rôle sexuel, 135, 138
dépression chez, 154-155

H
Harcèlement, 68, 150-152
Homophobie, 140, 143
Homosexualité, 140-144, 149

I
Idéaux physiques, 137-138
Indépendance, 47, 80, 127, 130-131, 140, 210
Inhibition de l'expression, 89, 210
Injures, 22, 63, 136, 143, 150, 176
Instruction, 38, 100, 175
Intégrité, 113, 175-177
Intimidation, 100, 112, 150, 210
Intimité, 65-66, 113, 168

M
Maltraitance
et l'estime de soi, 8, 10, 15, 17, 22-23, 28, 33, 38, 43, 45, 47-49, 53, 58, 74, 79-80, 93, 100-101, 103, 114, 119-120, 135-136, 143, 147, 159, 161-162, 167-168, 170, 175-177, 179-185, 187, 189, 191, 193, 195, 197, 199, 201-202
Médication
automédication, 159
Mensonge, 129-130, 161, 183
Milieu de l'adolescence, 16, 129
Modèle
changement, 29, 169, 197-199
deux types de, 117, 199
et estime de soi, 8, 10, 23, 33, 38, 43, 45, 47, 49, 53, 58, 74, 79-80, 103, 112, 114, 136, 140, 143, 147, 161-162, 168, 170, 175-177, 179-183, 185, 187, 189, 191, 193, 195, 197, 199, 201
Monnaies d'échange, 68
Motivation, 29, 137, 187, 191-192, 195

N
Notes
importance, 10, 18, 21, 29, 81-82, 105, 107-109, 189, 196, 198
redoublement, 109-110, 210

O
Orientation, 8, 10, 139-141, 143-144, 148

P
Parents
estime de soi des, 9, 22, 37, 39, 41, 51, 82, 86, 122, 129, 132, 136, 139, 159, 202, 204

215

Pairs
	influence des, 111, 113-115, 133, 135, 176
Pensée
	interprétation, 184-185
Perte de contrôle, 163
Piètre estime de soi
	signes de, 7, 203, 205
Préjugé, 46, 149, 151-152
Procrastination, 195-196
Promotion sociale, 110

R
Réalité, 7, 16, 28, 69, 72, 83, 94, 129-131, 138, 156, 187-190, 192, 203
Récompenses, 28, 46, 73-74, 178
Redoublement, 109-110, 210
Respect de soi, 82, 85-86, 113, 162

S
Sentiment d'adaptation, 187
Sentiment de valeur personnelle, 8, 23, 25, 153-154, 156, 162, 184, 206
Silence
	décourager, 35, 90
Stéréotypes, 137-138, 148-149
Stress
	contraintes excessives, 194, 196, 198
	définition, 9, 15-17, 21, 29, 31, 38, 41, 44, 46, 51, 53, 56, 63, 81, 111, 135, 137-139, 149, 161, 169, 194, 197, 203
	éviter le changement excessif, 199
	procrastination, 195-196
Structure, 68
Suicide, 119, 142-143, 156-158
Supervision, 34, 61, 68

T
Timidité, 56, 182
TAD (trouble de l'attention déficitaire)
	et estime de soi, 8, 10, 23, 33, 38, 43, 45, 47, 49, 53, 58, 74, 79-80, 103, 112, 114, 136, 140, 143, 147, 161-162, 168, 170, 175-177, 179-183, 185, 187, 189, 191, 193, 195, 197, 199, 201
	réaction des adultes au, 118

V
Victime, 91, 112-114, 139-140, 142, 149-152, 171-172
Victimisation, 54
Violence, 63, 114, 140, 142, 147, 152, 156, 158, 176, 205

TABLE DES MATIÈRES

Introduction 7

Les principes de l'estime de soi 13

Chapitre 1 : Qu'est-ce que l'estime de soi ? 15

Chapitre 2 : La responsabilité 21

Chapitre 3 : La croissance 27

Chapitre 4 : L'éducation 33

Chapitre 5 : L'estime de soi des parents 37

Chapitre 6 : La ressemblance et l'estime de soi 43

L'estime de soi et le fonctionnement familial 49

Chapitre 7 : La communication 51

Chapitre 8 : La courtoisie 57

Chapitre 9 : Le conflit 61

Chapitre 10 : Le châtiment 67

Alimenter l'estime de soi au cours de l'enfance 75

Chapitre 11 : Aider 77

Chapitre 12 : L'argent 81

Chapitre 13 : La créativité 87

Chapitre 14 : La compétence 91

Chapitre 15 : La compétition 97

L'école et l'estime de soi 103

Chapitre 16 : L'importance des notes 105

Chapitre 17 : L'influence des pairs 111

Chapitre 18 : Le trouble de l'attention déficitaire 117

Préserver l'estime de soi à l'adolescence 125

Chapitre 19 : La dure moitié de la croissance 127

Chapitre 20 : Les différences de sexe 133

Chapitre 21 : Hétérosexuel ou homosexuel ? 139

Les saboteurs de l'estime de soi 145

Chapitre 22 : L'oppression sociale 147

Chapitre 23 : La dépression 153

Chapitre 24 : L'usage des intoxicants et la dépendance 159

Chapitre 25 : L'abandon et la maltraitance 167

Les aptitudes favorables à l'estime de soi 173

Chapitre 26 : Le caractère et l'estime de soi 175

Chapitre 27 : Les émotions et l'estime de soi 179

Chapitre 28 : La pensée et l'estime de soi 183

Chapitre 29 : Les attentes et l'estime de soi 187

Chapitre 30 : Le stress et l'estime de soi 193

Questions et réponses 201

Glossaire 209

Suggestions de lecture 211

Index 213

PARENTS AUJOURD'HUI

Dans la même collection

Interprétez les rêves de votre enfant de Laurent Lachance, 2001